▶▶▶ 刘彤 ◎ 编著

零基础学开公司

创业新手从入门到精通

电子工业出版社
Publishing House of Electronics Industry
北京·BEIJING

内容简介

当前,在经济环境、政策环境的支持下,创业已成大势所趋。在这种情况下,越来越多的人希望通过创业实现人生价值。但创业无异于千军万马过独木桥,其中的坎坷重重。基于创业者的这个"痛点",本书对开公司所涉及的基础性内容、运营策略、规模化发展方法等进行了讲解,并提出了一些行之有效的解决方法。

未经许可,不得以任何方式复制或抄袭本书之部分或全部内容。
版权所有,侵权必究。

图书在版编目(CIP)数据

零基础学开公司:创业新手从入门到精通 / 刘彤编著. —北京:电子工业出版社,2022.3
ISBN 978-7-121-42320-8

Ⅰ. ①零… Ⅱ. ①刘… Ⅲ. ①创业—企业管理 Ⅳ. ①F272.2

中国版本图书馆 CIP 数据核字(2021)第 229027 号

责任编辑:王小聪　　　特约编辑:田学清
印　　刷:三河市鑫金马印装有限公司
装　　订:三河市鑫金马印装有限公司
出版发行:电子工业出版社
　　　　　北京市海淀区万寿路 173 信箱　　邮编:100036
开　　本:720×1000　1/16　印张:13.75　字数:304.6 千字
版　　次:2022 年 3 月第 1 版
印　　次:2023 年 1 月第 2 次印刷
定　　价:49.80 元

凡所购买电子工业出版社图书有缺损问题,请向购买书店调换。若书店售缺,请与本社发行部联系,联系及邮购电话:(010)88254888,88258888。
质量投诉请发邮件至 zlts@phei.com.cn,盗版侵权举报请发邮件到 dbqq@phei.com.cn。
本书咨询联系方式:(010)57565890,meidipub@phei.com.cn。

前　言

很多人都有创业梦，但并非所有创业者都能创业成功。一些创业者创业失败是由于没有明确的目标，但更多的创业者创业失败是由于掉入了创业路上的各种陷阱中。

基于创业者在创业过程中的种种问题，本书分为注册篇、合伙篇、人事篇、运营谈判篇、规模化发展篇、风险管理篇，从多角度出发讲解开公司过程中的诸多陷阱，并提出规避方法。

在创立公司阶段，创业者需要了解如何注册公司，了解必要的财务知识。为了获得必要的资金和技术，创业者可以寻找合伙人共同创业，但是需要约定好股权的分配并明确合伙人退出机制。

在公司运营阶段，创业者需要了解合同签订的诸多细节，掌握必要的商业谈判技巧，同时要时刻关注公司的利润率和现金流，注意防范风险。

在公司发展逐步稳定、创业者获得了一定的收益之后，为了实现公司更好的发展，创业者需要考虑公司的规模化发展。在这方面，创业者需要塑造品牌、整合资源，建立可复制的商业模式，为公司的规模化发展打好基础。

此外，公司的风险管理也是十分重要的。创业者要想守住财富，就要远离风险，为此，创业者需要做好重大风险管理，规避公司经营过程中的重大风险。同时，创业者要珍惜得来不易的创业果实，脚踏实地地稳步发展。

本书既讲述了很多方法论知识，又融入了大量经典案例，在注重知识性的同时又注重实用性。对于怀揣创业梦想的创业者来说，本书是一本不错的实践指导书。

编者

目 录

第1篇 注册篇

第1章 公司注册：创业者开公司需要储备哪些知识 ... 2
1.1 认缴制与实缴制 ... 2
1.2 股份有限公司的注册门槛 ... 4
1.3 注册资本的额度是否越高越好 ... 8
1.4 所有权与经营权是否需要分离 ... 9
1.5 自然人、法人、董事是否是同一个人 ... 10
1.6 母公司、子公司、分公司、控股公司有何区别 ... 12
1.7 在注册公司名称的同时是否要注册商标 ... 13
1.8 公司章程与经营范围应该如何制定 ... 13
1.9 注册地址与办公地址是否可以分离 ... 17
1.10 如何挑选可靠的代理注册公司 ... 19

第2章 财务知识：优秀创业者的必修课 ... 22
2.1 权责发生制 ... 22
2.2 应付账款与应收账款 ... 23
2.3 应付账款周转天数与应收账款周转天数 ... 23
2.4 资产周转率 ... 24
2.5 账面价值 ... 24
2.6 预算编制 ... 25
2.7 资本支出 ... 26

2.8 销售毛利 26
2.9 成本收益分析 26
2.10 流动资产与固定资产 27
2.11 流动比率 27
2.12 资产负债率 28
2.13 经济增加值 28
2.14 财务杠杆 28
2.15 资本成本 29
2.16 投资资本 30
2.17 实缴股本 30
2.18 资产回报率 30
2.19 投资回报率 31
2.20 销售回报率 31
2.21 财务报表 31

第 2 篇　合伙篇

第 3 章　启动资金：创业资金从哪来 34
3.1 个人积蓄与他人赠与 34
3.2 变卖不动产 35
3.3 向亲朋好友筹资 35
3.4 寻找专业的投资者 38
3.5 通过众筹平台融资 41

第 4 章　寻找助力：找到合伙人 44
4.1 了解他的创业理念和兴趣爱好 44
4.2 了解他的过往经历 47
4.3 了解他的品行 49
4.4 观察他的社交能力 52

第 5 章　合伙人画像：优秀的合伙人是什么样的 55
5.1 "1+4" 潜力模型 55
5.2 按画像找人：清单式预评估法 56

5.3　避免主观化评价 57
　　5.4　快速融入团队，沟通成本低 59
　　5.5　彼此给予的支持要对等 59

第6章　股权设计：会分钱的公司才能活得长久 61
　　6.1　按出资比例、技术贡献划分 61
　　6.2　资本股与运营股分别计算 63
　　6.3　分离股权与经营权 65
　　6.4　设立员工股权池 67
　　6.5　明确责任分工，不越权、不争权 70

第7章　退出机制：如何体面地"散伙" 71
　　7.1　公司的盈利情况良好时的退出方案 71
　　7.2　公司严重亏损时的退出方案 74
　　7.3　合伙人要撤全资退出，如何处理 77
　　7.4　合伙人要另起炉灶，如何处理 78
　　7.5　合伙人对股权回购有异议，如何处理 78
　　7.6　合伙协议模板 79

第3篇　人事篇

第8章　人员招聘：数据化招聘，简历收到手软 84
　　8.1　初试、复试流程 84
　　8.2　筛选求职者 86
　　8.3　如何跟求职者谈薪酬 88
　　8.4　如何处理求职者的期望值过高 89
　　8.5　劳动合同模板 90

第9章　员工培训：提升复制力，规模化产出人才 94
　　9.1　工作流程培训，帮助员工快速上手工作 94
　　9.2　培训淘汰机制，留下优秀的人共事 97
　　9.3　制定培训管理制度 98
　　9.4　师徒制培养模式 102

第10章 考核方法：规范员工工作标准 104
10.1 图尺度考核法 104
10.2 强制正态分布法 106
10.3 配对比较法 108
10.4 行为锚定等级评价法 110
10.5 360°考核法 112
10.6 交替排序法 114

第11章 激励制度：有奖励，才有干劲 116
11.1 薪酬结构 116
11.2 薪酬级差 119
11.3 涨薪幅度 120
11.4 化解薪酬争议问题 121

第12章 离职问题：别让员工满腹怨言地离开 124
12.1 员工离职的常见原因 124
12.2 员工离职的流程 127
12.3 要不要接受老员工复职 128
12.4 如何有效地管理即将离职的员工 129
12.5 为何不能草率地批准员工离职 131

第4篇 运营谈判篇

第13章 业务合同：合同是公司开展业务的基础性文件 134
13.1 明确合同的主体资格 134
13.2 明确合作双方的义务 135
13.3 细化合同条款 136
13.4 设置保密条款 137
13.5 注明违约责任 138
13.6 签约主体没有签约资格的合同成立吗 139
13.7 没有验收标准，违约方不承担违约责任 140

第14章 商业谈判：化劣势为优势，争取最大利益 141
14.1 缺少订单，可提高订单返点 141

14.2 订单量少，可提高单价 142
14.3 现金流不充足，可提高预付金 143
14.4 订单组合法：平衡大订单与小订单 144
14.5 账期组合法：平衡长账期与短账期 145
14.6 急慢组合法：平衡加急订单与普通订单 145

第15章 利润率：让公司更赚钱的秘诀 147
15.1 谁说创业小白不能实现高利润率 147
15.2 成本的30%都可以被砍掉 148
15.3 向上下游延伸，挖掘新的利润区 151

第16章 现金流：公司生死存亡的命脉 153
16.1 180天生存线 153
16.2 90天死亡线 154
16.3 加强现金流管理 155

第5篇 规模化发展篇

第17章 塑造品牌：品牌是产品更值钱的保障 158
17.1 创始人站台：为自己代言，打造创始人IP 158
17.2 建立官方网站：给客户一个与品牌对话的渠道 159
17.3 行业大咖背书：KOL推荐，品质有保证 161
17.4 媒体背书：权威认证，消除客户疑虑 162

第18章 资源整合：连通上下游，获取资源 164
18.1 整合资源，补齐资源短板 164
18.2 资源整合的4个阶段 166
18.3 连通上下产业链，发现新资源 167

第19章 规模化：如何实现快速复制 170
19.1 如何将现有模式模块化 170
19.2 模块化建立细则 172
19.3 如何实现规模化增长 172

第20章 价值回归：如何从100至10 000 175
20.1 商业模式决定其价值 175

20.2 从链家到贝壳，多了什么 ... 177
20.3 从链家到自如，拆了什么 ... 179
20.4 用户需要什么，我们能给予什么 ... 180

第6篇　风险管理篇

第21章　从零开始的创业者如何守住财富 ... 184
21.1 财富积累曲线 ... 184
21.2 如何避免手中的资产贬值 ... 185
21.3 有些概率是创业者无法挑战的 ... 186
21.4 向阳而生，远离风险 ... 188

第22章　重大风险管理：如何做到零亏损 ... 190
22.1 为什么很少有人能承受"三连击" ... 190
22.2 高杠杆运营，引发公司经营危机 ... 191
22.3 遭遇"套路贷"，面临巨额赔偿 ... 192
22.4 盲目为人担保，引发连带赔偿危机 ... 193
22.5 在重大风险面前，唯有断臂求生 ... 194

第23章　珍惜创业成果：脚踏实地才能走向辉煌 ... 196
23.1 为什么说东山再起是奢望 ... 196
23.2 不忘初心，才能长远发展 ... 198
23.3 如何才能一直富下去 ... 199
23.4 在赚到第一桶金后应该远离什么 ... 199

附录 ... 201
附录A　《中华人民共和国公司法》核心摘要 ... 201
附录B　《中华人民共和国劳动合同法》核心摘要 ... 203
附录C　《中华人民共和国民法典》核心摘要 ... 204
附录D　《中华人民共和国税收征收管理法》核心摘要 ... 205
附录E　《中华人民共和国广告法》核心摘要 ... 206

第1篇

注册篇

第 1 章

公司注册：创业者开公司需要储备哪些知识

新公司在注册过程中会涉及一系列问题，如注册资本是采用认缴制还是实缴制；股份有限公司的注册门槛；注册资本的额度是否越高越好；所有权与经营权是否需要分离；自然人、法人、董事是否是同一个人；母公司、子公司、分公司、控股公司有何区别；在注册公司名称的同时是否要注册商标；公司章程与经营范围应如何制定；注册地址和办公地址是否可以分离；如何挑选可靠的代理注册公司等。

以上内容都属于公司注册的常识，创业者在注册新公司前必须对这些常识有所了解，避免让自己走弯路。本章从这 10 个常识入手，讲述公司注册前的准备工作。

1.1 认缴制与实缴制

2018 年 10 月 26 日，第十三届全国人民代表大会常务委员会第六次会议决定对《中华人民共和国公司法》（以下简称《公司法》）的部分内容进行修改。其中，关于公司注册门槛的相关规定，依然沿袭 2013 年 12 月 28 日修订的《公司法》的内容。

与原《公司法》相比，2013 版《公司法》最大的特点是降低了公司的注册门槛和成本，尤其是将公司的注册资本实缴登记制（以下简称实缴制）改为认缴登记制（以下简称认缴制），极大地降低了公司注册的难度。下面分别介绍这两种制度。

实缴制属于原《公司法》的内容范畴，是指公司验资账户上的实际金额必须

第1章 公司注册：创业者开公司需要储备哪些知识

与营业执照上注册资本的金额相等。在进行公司注册时，创业者需要向市场监督管理局出具验资证明文件，否则无法完成公司注册。简单来说，创业者前期的经济实力决定了公司的规模，如果创业者只有10万元的现金，那么公司的注册资本只能是10万元，而这种规模会对公司后期开展业务有很大的限制。而且实缴制占用了公司的大部分资金，会在一定程度上限制公司的发展。

认缴制属于2013版《公司法》的内容范畴，它对公司验资账户上的实际金额的要求没有实缴制高，创业者在市场监督管理局登记注册资本总额时，不需要登记实收资本，也不需要出具验资证明文件。同时，认缴制不需要占用公司的资金，可以有效提高公司的资本运营效率，降低运营成本。公司股东或发起人可以根据公司经营的实际情况在公司章程中自主约定认缴的出资额、出资方式及出资期限，这样就能大大降低公司由于实缴注册资本所带来的不利影响，为公司的发展提供更多的机会和更广阔的空间。

2013版《公司法》将实缴注册资本改为认缴注册资本，其正式实行是从2014年3月1日开始的，此项条款的正式实施为开公司的群体，特别是白手起家开公司的人带来了很大的福利。

张明宇是北京某互联网公司一名资深的IT工程师。在该公司工作3年之后，他积累了丰富的实战操作经验。他的理论知识过硬，又有很多新想法，于是，他准备从该公司辞职，自己开一个IT公司。

在完成公司注册的准备工作之后，张明宇来到北京市海淀区市场监督管理局为自己的公司进行了注册。尽管张明宇当时只有200万元的启动资金，但是他把公司的注册资本金额填写为500万元。

虽然张明宇把注册资本金额填写为500万元，但是他对此没有丝毫压力，因为在实行认缴制后，张明宇不必在公司注册时就准备好500万元的实缴资本，而是可以在公司有足够的资金实力之后进行实缴。可见，认缴制让张明宇在资金方面少了很多麻烦。

当然，张明宇仍需要将500万元的注册资本足额存到公司银行账户中，不过，他可以选择3年存满，也可以选择5年存满，甚至是10年、20年等。新政策极大地减轻了创业者的资金压力。

但是，如果将时间倒回到2014年3月1日（2013版《公司法》于2014年3月1日生效）之前，张明宇的这种做法是不可能得到批准的。

零基础学开公司：创业新手从入门到精通

既然认缴制的优点十分明显，那么它是不是没有缺点呢？是不是意味着所有创业者在注册公司时都应该选择认缴制呢？答案是否定的。认缴制虽然能减轻创业者的资金压力，但不利于创业者寻找合作伙伴。因为凡是在市场监督管理局注册过的公司，其信息都能在当地市场监督管理局的官网中找到，包括公司的注册资本及实收资本。而实收资本在一定程度上代表了公司的实际实力。因此，当合作伙伴发现创业者公司的实收资本过少时，自然会慎重对待彼此的合作关系。

为了向合作伙伴展示公司的实力，创业者在资金充裕的情况下，最好选择实际缴纳部分注册资本。这样既能彰显一个公司的实力，又能吸引更多优质的合作伙伴，从而推动公司的发展。但是，如果创业者的资金确实紧张，那么也可以量力而行，待资金充裕时再实缴注册资本。

需要注意的是，认缴制只在部分行业中有效，它有明确的适用范围。根据现行的《中华人民共和国保险法》《中华人民共和国商业银行法》《中华人民共和国外资银行管理条例》等法律、行政法规及国务院的明确规定，目前有 27 类行业继续实行注册资本实缴制，如表 1-1 所示。

表 1-1　27 类继续实行注册资本实缴制的行业

序号	行业名称	序号	行业名称	序号	行业名称
1	采取募集方式设立的股份有限公司	10	货币经纪公司	19	保险专业代理机构
2	商业银行	11	村镇银行	20	外资保险公司
3	外资银行	12	贷款公司	21	直销公司
4	金融资产管理公司	13	农村信用合作联社	22	对外劳务合作公司
5	信托公司	14	农村资金互助社	23	融资性担保公司
6	财务公司	15	证券公司	24	劳务派遣公司
7	金融租赁公司	16	期货公司	25	典当行
8	汽车金融公司	17	基金管理公司	26	保险资产管理公司
9	消费金融公司	18	保险公司	27	小额贷款公司

1.2　股份有限公司的注册门槛

在通常情况下，大多数公司都是有限责任公司，也有一部分是股份有限公司。有限责任公司和股份有限公司共同构成了完整的公司制度。所谓股份有限公司，是指以资本为股份组成的公司，其股东以认购的股份对公司承担责任。另外，股份有限公司对其股东人数有明确的要求，即股东人数不得少于 2 人，而且要求全体股东中有半数以上的人在中国境内有住所。

股份有限公司与有限责任公司最大的区别是，前者可以公开向社会募集资金，而后者不能。但前提是，股份有限公司的实缴注册资本与股东的实际认缴资本相等。而且，任何人在认缴了股份有限公司发行的股票后，都是股份有限公司的股东，需要对股份有限公司负责。当然，在一般情况下，由于社会人士认缴的资本极为有限，因此这类人群对股份有限公司的责任几乎可以忽略不计。总体来说，股份有限公司具有 6 个特征，如图 1-1 所示。

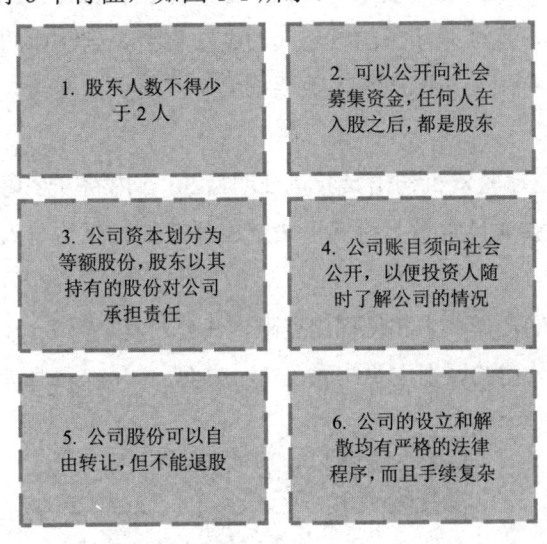

图 1-1　股份有限公司的 6 个特征

股份有限公司的设立流程比有限责任公司复杂得多，下面通过一则案例进行说明。

微印象是一个婚纱摄影公司，属于股份有限公司，其注册资本为 3000 万元。实际上，微印象的股东只认缴了 2000 万元。在这种情况下，微印象决定公开向社会募集资金。微印象拟定了相关的入股合伙协议，并交由有关部门审核，最终得到了批准。

在收到批准消息后，微印象的发起人开始向社会公开募集资金。微印象的发起人首先按入股合伙协议制定章程，认购部分股份；其次，起草招股说明书，签订股票承销协议、代收股款协议；最后，征得国务院证券监督管理机构的批准，向社会公开募股。

由于大家对婚纱摄影行业的发展前景非常看好，因此微印象很快募集到大量资金。随着股份募集的顺利进行，发行股份的股款缴足了，经约定的验资机构也完成了验资证明。至此，微印象的发起人认为任务已经完成，所以迟迟没有召开公司创立大会。

后来，在股民的强烈要求下，微印象的发起人才在次年的2月召开公司创立大会。在公司创立大会上，微印象的发起人为了省事，只通知了代表股份总数的1/3以上的认股人出席，并在会议上决定了一些法定事项。

其实，从《公司法》的角度来看，微印象的做法存在许多漏洞。如果有关部门要对其进行查处，那么微印象的发起人的做法将会受到法律的惩处。

首先，从股份有限公司的股东人数要求来看，至少为2人，而微印象并未注明股东人数。

其次，发起人应在验资机构出具验资证明后30日内召开公司创立大会。另外，公司创立大会的与会人员数量不得低于法定比例的1/2，且这些人认购的股份要占总数的1/2以上。

股份有限公司的注册要求和流程比有限责任公司复杂得多。具体来说，股份有限公司与有限责任公司的区别主要体现在7个方面，如图1-2所示。

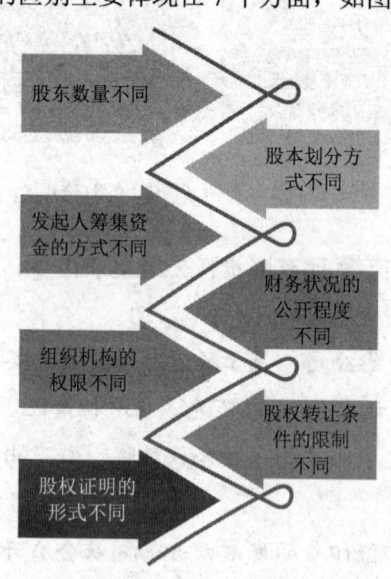

图1-2　股份有限公司与有限责任公司的区别

1. 股东数量不同

有限责任公司由50人以下的股东出资设立。股份有限公司的股东人数只要不

第1章 公司注册：创业者开公司需要储备哪些知识

少于 2 人即可，而且没有上限限制，有些大公司的股东人数可达几十万人，甚至上百万人。

2．股本划分方式不同

有限责任公司的全部资本不划分为等额股份，即每一股份在金额上不相等，其资本按股东各自认缴的出资额划分。股份有限公司的全部资本划分为等额股份，其股本的划分数额较小，且每一股金额相等。

3．发起人筹集资金的方式不同

有限责任公司的资金只能由发起人筹集，有限责任公司既不能发行股票筹集资金，又不能公开募集资金，其股票也不可以公开发行，更不能上市交易。股份有限公司可以通过发起设立或募集设立的方式向社会筹集资金，其股票可以公开发行并上市交易。

4．财务状况的公开程度不同

有限责任公司的财务状况不需要公开，有限责任公司只需按照公司章程规定的期限定期将其财务状况交由各股东即可。有限责任公司的财务状况相对来说保密性较强。股份有限公司的设立流程复杂，且需要定期向社会公开披露财务、生产、经营管理等信息。与有限责任公司相比较，股份有限公司的财务状况更难以操作和保密。

5．组织机构的权限不同

有限责任公司的股东人数少，组织机构比较简单，所以有限责任公司不一定非要设立股东大会或监事会，可只设立董事会；而且董事会往往由股东组成，机动性权限较大。股份有限公司的设立流程和组织机构比较复杂，股东人数较多且股东相对分散，因此股东大会的权限受到一定限制，董事会的权限较集中。与有限责任公司不同，股份有限公司必须设立股东大会，而且股东大会是公司的最高权力机构。

6．股权转让条件的限制不同

有限责任公司的股东在向股东以外的人转让其出资时，必须经过 1/2 以上的股东同意才行，而且在同等条件下，有限责任公司的其他股东对该出资有优先购买权。股份有限公司的股东在向股东以外的人转让股份时不受任何限制，可以进行自由转让，但不能退股。

7. 股权证明的形式不同

有限责任公司的股权证明是有限责任公司签发的出资证明书。股份有限公司的股权证明是股份有限公司签发的股票。

虽然股份有限公司在规模、机构等方面较为复杂，但股份有限公司也有其优越性，如更容易募集资金。

总而言之，有限责任公司和股份有限公司这两种公司制度各有其优势。因此，创业者究竟应该选择注册哪一种公司，还需要根据自己的实际情况来决定。

1.3 注册资本的额度是否越高越好

创业者在注册公司时，一定会接触公司注册方面的一个专业术语——注册资本。注册资本究竟意味着什么？它是否与公司需要承担的风险成正比呢？它是否有额度的限制呢？

自2014年3月1日起，公司注册已经不存在注册资本额度的限制问题了。这就意味着国家放宽了对公司注册的要求，鼓励创业者开公司，自主创业。虽然《公司法》降低了设立公司的门槛，但也为创业者的公司注册工作带来了疑惑。因为创业者不知道填写多少注册资本才是最合适的。

那么，注册资本的额度意味着什么呢？虽然《公司法》将注册资本的实缴制改为认缴制，取消了最低注册资本的限制，但并不是说注册公司没有任何条件、不用花钱，那种"1元公司"的说法只是一个形象的比喻，因为注册资本是设立公司需要具备的基本条件之一。从另一个角度来讲，维持公司的基本运营也需要一定的资本，完全不花钱开公司实际上是不可能的。

注册资本的额度在一定程度上反映了一个公司的实力。注册资本的额度越高，表示公司的经济实力越雄厚。但注册资本与公司的经济实力并不完全是正相关关系。因为在公司注册的过程中，既有注册资本，又有实收资本。虽然2013版《公司法》对注册资本没有限制，但实收资本是真实的。因此，那些妄想用高额注册资本夸大公司经济实力的做法，是不可能实现的。

从总体来看，公司的注册资本额度并非越高越好。至于应该填写多少注册资本，创业者需要根据自己所从事的行业的特点、行业的发展趋势及业务范围这些因素来确定。

1.4 所有权与经营权是否需要分离

任何公司都会涉及两种权利，即所有权与经营权。所有权是针对股东而言的，即公司是属于股东的，股东对公司拥有所有权。经营权是针对法人与公司管理者而言的，这些人对公司的管理和运营情况负责，拥有公司的经营权。

在我国，企业包括私有企业和国有企业，企业的性质不同，其经营权的范围也有所不同。私有企业的经营权是指董事会及经理人员代表公司法人经营业务的权利。国有企业的经营权是指企业对国家授予其经营管理的财产享有的占有、使用和依法处置的权利。

概括来说，公司的经营权是指经营者掌握的对公司法人财产的占有、使用和依法处置的权利。因此，公司必须在拥有公司法人财产的经营权之后，才能根据市场的需要独立做出经营决策，自主地开展生产经营活动，及时适应市场的变化。

经营权与所有权相比，少了一个收益的权利，而且一般拥有公司所有权的人一定同时拥有公司的经营权。然而，拥有公司经营权的人不一定同时拥有公司的所有权。

在现代公司制度中，尤其是在股份有限公司中，为了确保公司的运营效果，大多数公司基本上都实行所有权与经营权分离的运营模式。那么，在这两种权利分离的情况下，究竟谁拥有公司的所有权？又由谁来行使公司的经营权呢？这两种权利怎样分配才最合理？不管在什么情况下，出资方，也就是公司的股东，都拥有公司的所有权。

虽然股东拥有雄厚的财力，负责公司的资金来源，但事实上，股东并不一定拥有较专业的公司运营管理知识和经验。在现代社会，公司运营管理对运营管理者的专业水平的要求非常高。而且很多高等教育机构开设了公司运营管理的课程，培养了大量的专业人才，为公司提供了运营管理方面的合适人选。在这种情况下，公司的所有权与经营权分离成为可能。

从另一个角度来看，大型股份有限公司的股东往往较多。如果让每个股东都拥有公司的经营权，就会造成权力过于分散的局面，最终导致公司的运营管理效率低下，而这对公司的长期发展是有百害而无一利的。相反，让公司的股东组成董事会，并聘请专业的管理人员负责公司的运营，就能保证公司的运营管理效率，促进公司的长足发展。

刘同经营着一个电器公司。该公司最初是由刘同的曾祖父创办的，之后被交到刘同的祖父、父亲手中，现在由刘同打理。刘同既是公司的所有者，又是公司的运营管理者。换句话说，刘同同时拥有该公司的所有权和经营权。

在所有权和经营权同属于一个人的情况下，公司的大小事情自然都由刘同一个人说了算。

有一次，刘同本来与一位大客户约好洽谈代理公司产品的事宜，但由于他去外地出差遇到了大雾，耽误了行程，没能及时回到公司跟这位大客户见面，而公司里又没人有权行使决策权，最终导致这笔大生意被竞争者抢走了，给公司造成了重大的经济损失。

因此，所有权和经营权过于集中可能会给公司带来严重的后果。

虽然所有权和经营权分离可能会导致公司的经营管理者以权谋私的现象，但这毕竟是小概率事件，总体而言，所有权与经营权分离可以使公司资源与经营管理者达到最优的组合，实现公司资产的增值目标。

1.5 自然人、法人、董事是否是同一个人

自然人、法人、董事这几个概念是创业者需要了解的内容，而且公司在运营管理过程中也会经常涉及这几个概念。如果创业者对其不够了解，就可能在公司的注册及运营管理过程中遇到一些阻碍。为了帮助创业者顺利完成公司注册工作，以及降低在公司运营管理过程中遇到障碍的可能性，本节将对这几个概念进行详细讲述。

1. 自然人

顾名思义，自然人是指在自然条件下诞生的人。也就是说，生活在这个世界上的所有人都是自然人。因此，自然人也是民事主体，享有一定的权利，同时需要履行一定的义务。从范围来看，自然人包括法人和董事，他们之间存在从属关系。

2. 法人

法人并不是指具体的人，而是指具有民事权利能力和民事行为能力，依法独立享有民事权利和承担民事义务的社会组织。法人是一个世界范围内的概念。设定这个概念的目的在于规范世界各国的经济秩序。这也意味着，法人是一个

为经济秩序的有效运行保驾护航的概念。因此，它对于创业者的重要性就不言而喻了。

3. 董事

董事也叫执行董事，是一个针对公司运营管理而产生的概念。因为董事是由公司股东会选举产生的，具有实际权力和权威的公司管理人员。董事不是一个具体的人，而是公司内部所有管理人员的总称。董事有两个方面的职责，即对内负责管理公司事务，对外代表公司进行经济活动。

还有一个与董事相近的概念——独立董事。独立董事不属于公司股东，且不在公司内部任职，也不会与公司或公司经营管理人员有业务关系，但是他能对公司事务做出独立判断。因此，独立董事在公司的重大决策中往往能发挥重要作用。所以，创业者有必要了解这个概念。

对股份有限公司来说，其董事由股东大会选举产生。但是董事的具体人员可以是公司股东，也可以是非股东。董事的任期由公司章程决定。一般来说，它分为定期和不定期两种。不管是何种任期制，董事的实际任期都可能发生变化。其原因包括违反股东大会的决议、股份转让、主动辞职、公司破产等。

根据《公司法》第一百四十六条的规定，有下列情形之一的，不得担任公司的董事、监事、高级管理人员。

（1）无民事行为能力或限制民事行为能力。

（2）因贪污、贿赂、侵占财产、挪用财产或者破坏社会主义市场经济秩序，被判处刑罚，执行期满未逾5年，或者因犯罪被剥夺政治权利，执行期满未逾5年。

（3）担任破产清算的公司、企业的董事或厂长、经理，并对该公司、企业的破产负有个人责任的，自该公司、企业破产清算完结之日起未逾3年。

（4）担任因违法被吊销营业执照、责令关闭的公司、企业的法定代表人，并负有个人责任的，自该公司、企业被吊销营业执照之日起未逾3年。

（5）个人所负数额较大的债务到期未清偿。

《公司法》是创业者在公司注册与公司运营管理过程中必须遵守的基本行为准则。因此，创业者应该熟悉《公司法》的具体内容，做到知法、懂法、守法，这样才能避免在公司注册及公司运营管理过程中偏离正确的轨道。

零基础学开公司：创业新手从入门到精通

1.6 母公司、子公司、分公司、控股公司有何区别

创业者在注册公司之前，需要了解一组关于公司的概念：母公司、子公司、分公司和控股公司。这几类公司分别是什么呢？它们又有何区别呢？

1．母公司

母公司是指持有某个公司一定比例以上的股份，或者根据协议能够控制、支配其他公司的公司。简单来说，母公司就像一位母亲，在公司系统中处于上游位置，对其下属公司具有支配权、管理权。

2．子公司

子公司是与母公司相对应的一个概念。它是指一个公司的全部股份或者大部分股份被另一个公司控制，或者根据协议而被另一个公司实际控制的公司。对母公司而言，子公司处于被支配、被管理的地位。但是，子公司与母公司都具有法人资格。从本质上来说，母公司与子公司是股东与公司的关系。母公司对子公司承担有限责任，子公司具有法人资格，依法独立承担民事责任。

3．分公司

分公司是与总公司相对应的一个概念。总公司是指一个大型公司的全部组织的总机构。简单来说，总公司也叫公司总部。因此，总公司的权力通常较大，具有独立法人的资格，能够以自己的名义直接从事各项经营活动。

按照相关规定，分公司的所在地需要与总公司的所在地分开，但分公司依然属于总公司的组成部分，依然要以总公司的公司章程作为活动的指导准则。在从事对外活动时，分公司需要以总公司的名义进行。分公司不具有法人资格，因此总公司要承担分公司的民事责任。

4．控股公司

控股公司是指通过持有某个公司一定数量的股份，而对该公司进行控制的公司。根据控股的具体方式，可将控股公司分为纯粹控股公司和混合控股公司。纯粹控股公司不直接从事生产经营活动，只是凭借持有其他公司的股份进行资本运营。混合控股公司除通过控股进行资本运营外，还从事一些生产经营活动。

总体来说，母公司与子公司是一组相对的概念，母公司管理、支配子公司，子公司受控于母公司。分公司是相对于总公司而言的，对一个总公司来说，其下

至少设置3个分公司,并承担分公司的民事责任。控股公司则是针对股份有限公司而言的,控股人对所控股的公司拥有经营权。

1.7 在注册公司名称的同时是否要注册商标

在通常情况下,公司不仅会有自己的名称,还会有自己的商标。二者既是一个公司身份的象征,又是一个公司区别于其他公司的标志。那么,创业者在注册公司名称的同时是否要注册商标呢?答案是肯定的,因为这样可以避免出现自己的好创意为他人所用的情况。

如果公司使用的商标没有经过注册,就意味着该商标不受法律保护,其他人可以同时使用这个商标。这就给了那些假冒伪劣产品可乘之机。当大量印着创业者公司的商标的假冒伪劣产品出现时,创业者公司的信誉就会受到影响,这对公司的长足发展是不利的,而且可能存在各种隐患。

曾经家喻户晓的凉茶品牌王老吉,突然更名为加多宝,其原因就是商标权存在纠纷。王老吉是广药集团注册的品牌,广药集团以租赁的方式将王老吉这个品牌租给了现在的加多宝公司,但王老吉品牌的所有权仍然掌握在广药集团手中。

在租赁合同到期之后,广药集团想收回王老吉的经营权。然而,在这个过程中,广药集团与加多宝公司并未达成一致协议,最终这件事被闹上了法庭。由于广药集团在法律上对王老吉这个品牌拥有所有权,因此法院判处的结果是,广药集团如期收回王老吉的品牌经营权。

注册过的商标就如同申请过专利的技术,创业者对其拥有所有权。其他人若想使用该商标,除非经过创业者的授权,否则就会构成侵权行为。但如果商标的设计者或使用者没有对商标进行注册,最后被别人注册了,那么即使是商标的设计者或使用者使用该商标,也会构成侵权行为。因此,商标注册是商标使用者取得商标专用权的前提和保障,并且经过注册的商标受法律保护。

1.8 公司章程与经营范围应该如何制定

俗话说:"没有规矩,不成方圆。"公司经营也是如此。为了便于日后经营,公司在成立之初就要制定一套行之有效的公司章程,这也是公司注册的前提之一。

公司章程是指公司依法制定的规定公司的名称、住所、经营范围、经营管理制度等重大事项的基本文件,也是公司必备的规定公司组织及活动基本规则的书面文件。公司章程是股东共同一致意见的体现,载明了公司组织和活动的基本准则,是公司的宪章。公司章程具有 4 个基本特征,如图 1-3 所示。

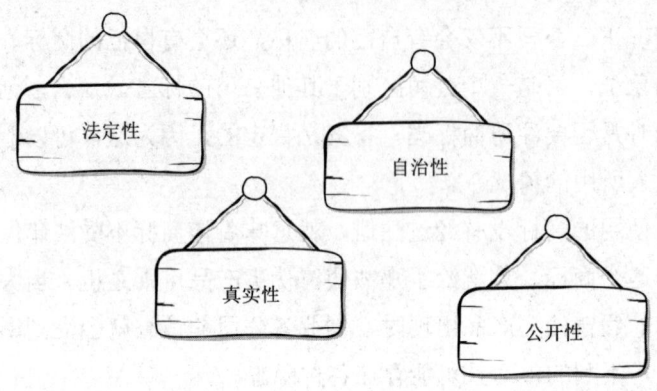

图 1-3　公司章程的 4 个基本特征

公司章程与《公司法》一样,共同肩负着调整公司活动的责任。

首先,公司章程是一个公司进行经营管理等各项活动的依据。有了这个依据,公司的各项活动就能有效避免因人为因素而导致的不公平现象的出现。可以说,这是一个公司取得长足发展的基本前提。而且,市场监督管理局等管理部门也需要对这份章程进行审阅。因此,在注册公司之前,创业者需要先制定公司章程。

其次,公司章程的制定并不是随意而为的,而需要遵守《公司法》等国家相关法律、法规的规定。例如,对股份有限公司来说,公司章程需要经过公司股东或董事会的审议,在得到股东或董事会的一致同意后,才能正式被确定和实施。这样一来,就能保证公司的各项制度和活动是在法律允许的范围内进行的。

最后,从小的方面来说,公司章程是公司成立的基础;从大的方面来说,公司章程是公司生存和发展的灵魂。

由此,公司章程的重要性和必要性就体现出来了。为了确保公司章程能切实发挥作用,创业者在制定公司章程时需要考虑 4 个方面的内容,如图 1-4 所示。

第1章 公司注册：创业者开公司需要储备哪些知识

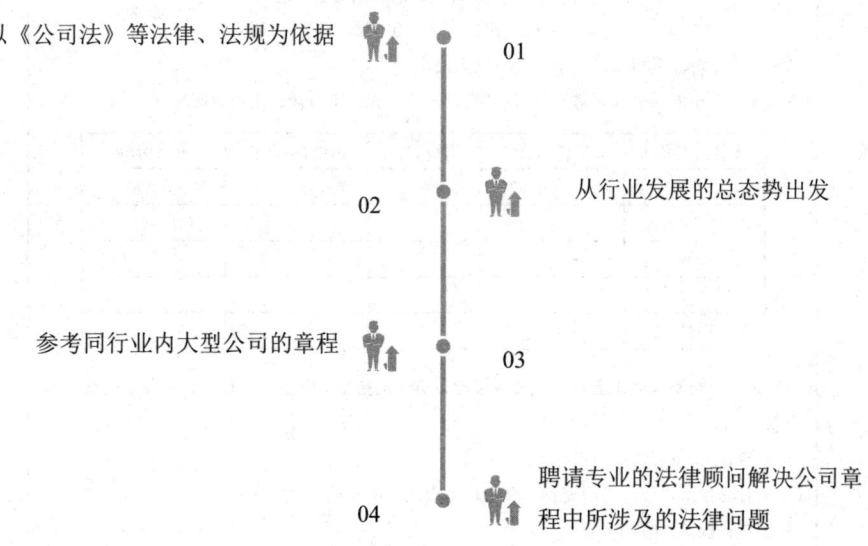

图1-4 创业者在制定公司章程时需要考虑的内容

以上就是创业者在制定公司章程时需要考虑的内容。如果创业者从图1-4所示的4个方面出发，基本上就能够制定出有效的公司章程，进而推动公司的发展。

总之，作为公司组织与行为的基本准则，公司章程对公司的成立及运营具有十分重要的意义，它既是公司成立的基础，又是公司赖以生存的灵魂。公司章程模板如图1-5所示。

公司章程
第一章 总则
第一条 依据《中华人民共和国公司法》（以下简称《公司法》）及有关法律、法规的规定，由_____出资，设立_____（以下简称公司），特制定本章程。
第二条 本章程中的各项条款与法律、法规、规章不符的，以法律、法规、规章的规定为准。
第二章 公司名称和住所
第三条 公司名称：_____。
第四条 住所：_____。
第三章 公司经营范围
第五条 公司经营范围：_____。

图1-5 公司章程模板

15

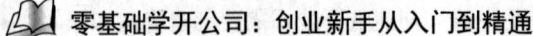

第四章　公司注册资本及股东的姓名（名称）、证件号码、出资方式、出资额、出资时间

第六条　公司注册资本：＿＿＿＿＿＿万元人民币。

第七条　股东的姓名（名称）、证件号码、出资方式、出资额、出资时间如下：

姓名（名称）	证件号码	出资方式	出资额/万元	出资时间
合计				

第八条　公司不设股东会，公司高级管理人员包括董事、监事、经理。公司股东行使下列职权。

（一）决定公司的经营方针和投资计划。

（二）任命董事、监事，决定有关董事、监事的报酬事项。

（三）审议批准董事的报告。

（四）审议批准监事的报告。

（五）审议批准公司的年度财务预算方案、决算方案。

（六）审议批准公司的利润分配方案和弥补亏损方案。

（七）对公司增加或者减少注册资本做出决议。

（八）对发行公司债券做出决议。

（九）对公司合并、分立、解散、清算或者变更公司形式做出决议。

（十）修改公司章程。

（十一）聘任或解聘公司经理。

第九条　公司不设董事会，设董事一人，董事为公司法定代表人，对公司负责。董事的任期为3年，任期届满，可连选连任。

第十条　董事行使下列职权。

（一）决定公司的经营计划和投资方案。

（二）制定公司的年度财务预算方案、决算方案。

（三）制定公司的利润分配方案和弥补亏损方案。

（四）制定公司增加或者减少注册资本及发行公司债券的方案。

（五）制定公司合并、分立、解散或者变更公司形式的方案。

（六）决定公司内部管理机构的设置。

（七）提名公司经理人选，根据经理的提名，聘任或者解聘公司副经理、财务负责人，并决定其报酬事项。

（八）制定公司的基本管理制度。

图1-5　公司章程模板（续）

第1章 公司注册：创业者开公司需要储备哪些知识

> 第十一条　公司设经理，由股东聘任或解聘。经理对公司股东负责，行使下列职权。
> （一）主持公司的生产经营管理工作，组织实施股东会决议。
> （二）组织实施公司的年度经营计划和投资方案。
> （三）拟订公司内部管理机构设置方案。
> （四）拟订公司的基本管理制度。
> （五）制定公司的具体规章。
> （六）提请聘任或者解聘公司副经理、财务负责人。
> （七）决定聘任或者解聘除应由董事决定聘任或者解聘以外的负责人或管理人员。
> 第十二条　公司设监事一人，由公司股东任命。监事对公司股东负责，监事的任期为每届3年，任期届满，可连选连任。监事行使下列职权。
> （一）检查公司财务。
> （二）对董事、高级管理人员执行公司职务的行为进行监督，对违反法律、行政法规、公司章程或者股东会决议的董事、高级管理人员提出罢免的建议。
> （三）当董事、高级管理人员的行为损害公司的利益时，要求董事、高级管理人员予以纠正。
> （四）提议召开临时股东会会议，在董事不履行《公司法》规定的召集和主持股东会会议职责时召集和主持股东会会议。
> （五）向股东会会议提出提案。
> 　　　　　　　　　第五章　公司的法定代表人
> 第十三条　董事为公司的法定代表人，由股东任命。本公司的法定代表人为＿＿＿＿＿。
> 　　　　　　　第六章　股东会会议认为需要规定的其他事项
> 第十四条　公司登记事项以公司登记机关核定的为准。
> 第十五条　本章程自公司设立之日起生效。
> 第十六条　本章程一式三份，股东留存一份，公司留存一份，并报公司登记机关备案一份。
> 第十七条　公司的营业期限为＿＿＿＿＿年，自营业执照签发之日起计算。
>
> 股东签字、盖章：
>
> 　　　　　　　　　　　　　　　　　　　　　　　　　　年　　月　　日

图1-5　公司章程模板（续）

1.9　注册地址与办公地址是否可以分离

注册地址与办公地址分离的原因可能是公司规模扩张，也可能是原地址拆迁等。那么，注册地址与办公地址分离是否符合法律、法规的要求？如果确实有迫不得已的原因，必须将注册地址与办公地址分离，那么创业者该如何处理？本节将对这些问题做出具体解释。

《公司法》规定："公司以其主要办事机构所在地为住所。"也就是说，公司的营业执照上的经营地址就是办公地址。市场监督管理局在对公司进行检查时,就是以营业执照上的经营地址为依据进行审核的。除此之外,《中华人民共和国公司登记管理条例》(以下简称《公司登记管理条例》)明确要求经公司登记机关登记的公司住所只能有一个。由此看来,公司的注册地址不能与办公地址分离。

但是,在实际经营过程中,很多公司因为经营成本或者税收政策等因素,而使公司的注册地址与办公地址分离。例如,根据国家相关规定,公司的注册地址在开发区或者工业园区内,开发区管委会可以为其提供公司注册、年检、税务申报缴纳等全套服务,类似这样的优惠政策能够让新成立的公司省去很多日常开支。但是,很多享受这类政策的公司,由于其公司业务不适合在开发区或者工业园区内经营,因此会选择在其他地方从事经营活动,从而导致公司的注册地址与办公地址分离。公司的这种安排虽然解决了公司经营与政府管理上的问题,但是潜藏着很大的法律风险。

对将公司的注册地址与办公地址分离且没有依法登记的行为的处罚办法如图1-6所示。

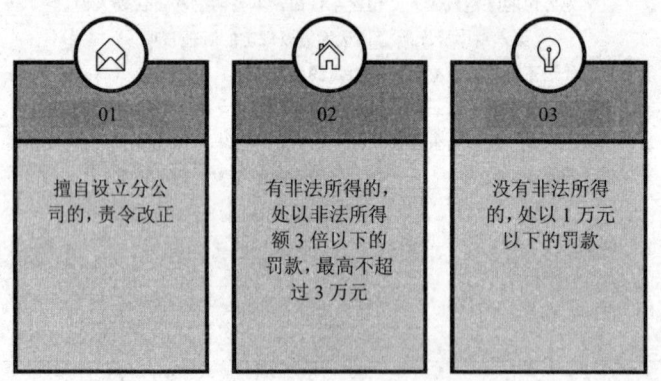

图1-6　对将公司的注册地址与办公地址分离且没有依法登记的行为的处罚办法

如果公司确实有迫不得已的原因,必须将注册地址与办公地址分离,那么公司应如何做才能避免出现法律风险呢?

事实上,《公司登记管理条例》对公司的经营场所并没有数量上的限制。因此,如果出现了公司的注册地址必须与办公地址分离的情况,那么公司的负责人应及时按照《公司法》和《公司登记管理条例》的规定对新的办公地址进行登记注册。

具体来说,公司的负责人有两个可以选择的处理办法:第一,变更登记信息,将公司的注册地址变更为经营所在地的地址;第二,在经营所在地设立分公司。

第1章 公司注册：创业者开公司需要储备哪些知识

因此，创业者在注册公司后，若发现更合适的办公地址，则可以放心地将公司迁移到新的办公地址。但是，在这个过程中，创业者应按照有关法律、法规的规定及时完成新地址的登记注册工作。

1.10 如何挑选可靠的代理注册公司

注册公司是一件非常烦琐的事情。注册公司的过程涉及多个部门和多种材料，创业者需要多次往返市场监督管理局、银行、会计师事务所。尤其是经验不足的创业新手，可能即使多次往返市场监督管理局、银行、会计师事务所，也没能顺利完成注册工作。因为创业新手不熟悉注册流程，可能常常会因材料准备得不充分而无法顺利完成注册工作。

其实，公司注册工作并非一定要亲力亲为，创业者可以将这些工作交由专门的代理注册公司来做。如今，市场上出现了很多代理注册公司，代理费用因代理注册公司的规模和所在地而有所不同。

代理注册公司为创业新手注册公司提供了极大的方便。但是，目前市场上的代理注册公司的质量参差不齐，如何挑选可靠的代理注册公司呢？

通过对新闻报道和网络曝光的假代理注册公司的特征，以及现实中出现的实际情况进行总结，笔者归纳出10种辨识代理注册公司的方法，如图1-7所示。创业者可以根据图1-7中的方法判断代理注册公司的真实情况，从而做出选择与否的决定。

①	是否有营业执照	⑥	核实宣传册上的信息
②	查看营业执照的具体内容	⑦	价格是否合理
③	注册地址与办公地址是否一致	⑧	核实身份信息
④	查看营业执照的经营范围	⑨	是否打着国家机关的名号
⑤	是否主动推销	⑩	是否要求事先支付定金

图1-7 10种辨识代理注册公司的方法

零基础学开公司：创业新手从入门到精通

1. 是否有营业执照

如果一个代理注册公司没有营业执照，那么它一定是假冒的公司，创业者可以直接否定它。

2. 查看营业执照的具体内容

如果代理注册公司的名称为"×××咨询中心""×××咨询有限公司""×××顾问有限公司""×××投资有限公司""×××财务有限公司"，而不是"×××登记注册代理事务所"，创业者就可以直接否定它。

3. 注册地址与办公地址是否一致

如果代理注册公司的注册地址与办公地址不一致，创业者就需要格外小心，仔细判断其是否为假冒的公司。

4. 查看营业执照的经营范围

如果代理注册公司的营业执照的经营范围没有注明"公司登记注册"，创业者就可以直接否定它。

5. 是否主动推销

在市场监督管理局门口主动推荐且没有固定电话的代理注册公司，通常是不可靠的。

6. 核实宣传册上的信息

创业者要核实代理注册公司的实际办公地址是否与其宣传册上的地址一致。如果不一致，那么该代理注册公司很可能是"黑代理"。

7. 价格是否合理

在选择代理注册公司时，创业者要格外注意对方提出的价格。除排除一些漫天要价的公司外，对于一些提出"0元注册"或"1元注册"优惠的公司，创业者也要格外警惕。这可能是一些代理注册公司的"陷阱"，一旦创业者签订了代理合同，这些代理注册公司就会以各种服务费为由向注册者收费。

8. 核实身份信息

创业者要查看代理注册公司代理人员的代理证、身份证、学历证明等，而且最好让对方出示证件原件。如果对方在此事上表现出犹豫的态度，创业者就可以否定这个代理注册公司。

第1章 公司注册：创业者开公司需要储备哪些知识

9．是否打着国家机关的名号

对于打着国家市场监督管理总局或地方市场监督管理局的名号，以及专利代理机构的名号的代理注册公司，创业者要慎重对待。因为国家没有专门的机构，也没有委任任何机构做代理注册公司这件事，这种打着国家机关名号的代理注册公司是违法的。

10．是否要求事先支付定金

如果代理注册公司要求创业者事先支付定金，那么创业者可以放弃这类代理注册公司。

创业者在选择代理注册公司时，可以去网上搜索口碑较好、规模较大的代理注册公司，在确定合作之前要全方位地对其进行了解，避免让自己遇到"黑代理"，否则很有可能花了大价钱却没办成事。

总之，创业者千万不要贪图便宜，而选择收费低、规模小、无证执业的代理注册公司，这样做的结果很可能是竹篮打水一场空。

第 2 章

财务知识：优秀创业者的必修课

创业者要想熟练应对公司财务管理方面的问题，必须熟知 21 个财务要点。本章讲述的是财务管理工作的基础知识，既包括公司日常收支方面的内容，又包括公司资本引进方面的内容，还包括公司资产收益方面的内容。总之，这 21 个财务要点涵盖了公司财务管理的方方面面。

2.1 权责发生制

权责发生制属于会计要素确认计量的范畴。它主要针对收入和费用的确认问题。权责发生制要求收入和费用的确认应当以实际发生的为准，因此它又叫应收应付制。

在权责发生制原则下，在本期内已经收到的和已经发生的或应当负担的一切费用，不论其款项是否收到或支付，都将作为本期的收入和费用；反之，如果公司收到了不属于本期的收入和费用的款项，那么也不能将其作为本期的收入和费用。

目前，在我国商业银行的财务核算中，权责发生制已经被运用到绝大部分的收支项目中，主要包括以下几个方面。

（1）逾期半年以内的贷款利息收入。

（2）金融机构往来收入。

（3）投资收益。

（4）定期存款利息支出。

（5）金融机构往来支出。

（6）固定资产修理、租赁、低值易耗品购置、安全防卫等大宗费用。

第2章 财务知识：优秀创业者的必修课

（7）无形资产摊销。

（8）固定资产折旧。

（9）各种税金。

在了解了权责发生制之后，创业者还需要知道权责发生额的概念。权责发生额是指在权责发生制的基础上，实际收到的款项数额；也可以指会计在法律、法规允许的范围内利用权责发生制获利的资金金额。

2.2 应付账款与应收账款

应付账款属于会计学的范畴。它是指公司应当支付但是还未支付的手续费和佣金，主要用于核算公司因进行购买材料、商品和接受劳务供应等经营活动而应支付的款项。

也可以说，应付账款是一个公司产生的债务，其原因是买卖双方在购销活动中采取了先取得物资后支付货款的形式，即购买和支付款项这两种活动并不是同时发生的。

应收账款是指公司因销售商品、提供劳务等经营活动，应向购买商品的单位或接受劳务的单位收取的款项。在一般情况下，应收账款按照实际发生的交易价格入账，主要包括发票销售价格、增值税和代垫运杂费等。

一般来说，为了保证应收账款能及时到账，应收方和应付方会约定一个还款日期。应付方应在约定的时间内确认付款，应收方则需在同一时间内对款项进行明细核算，并确认收款。

可以说，应收账款是购买方占用销售方资金的一种形式，而一个公司的发展离不开资金这个前提。因此，为了保证公司的正常经营及持续发展，销售方应及时收回应收账款。若遇到购买方拖欠账款的情况，则销售方可采取合法措施进行催收。若遇到应收账款无法收回的情况，则销售方可依据相关证据按规定程序报批，做坏账损失处理。

2.3 应付账款周转天数与应收账款周转天数

应付账款周转天数又叫平均付现期，是指公司需要在多长时间内付清供应商的欠款。这个概念属于公司经营能力分析的范畴。一般来说，应付账款周转天数越长越好，因为这能在短期内为公司提供充足的运营资金。

应付账款周转天数的计算公式如下：

$$应付账款周转天数=360/应付账款周转率$$

另外，应付账款周转天数在一定程度上还反映了公司的信誉情况及经营情况。公司在行业内的信誉度越高、经营状况越好，越有可能获得更长的应付账款周转天数。

应收账款周转天数是与应付账款周转天数相对应的概念，是指公司从取得应收账款的权利，到收回款项、转换为现金这一过程所需要的实际时间。应收账款周转天数越短，说明流动资金的使用率越高。对公司来说，其应收账款周转天数越短，表示公司的竞争力越强。

应收账款周转天数的计算公式如下：

$$应收账款周转天数=360/应收账款周转率$$

事实上，目前很多行业都存在信用销售的情况，因此就不可避免地形成了大量的应收账款。公司要想得到更好的发展，有效地将应收账款变为实际资金是非常关键的一步。

2.4 资产周转率

资产周转率是销售收入的总营业额和总资产值之比。它是衡量公司资产管理效率的重要财务指标。因此，资产周转率在财务分析体系指标中占有重要地位。

资产周转率的计算公式如下：

$$资产周转率=总营业额/总资产值×100\%$$

在考察公司的资产运营效率时，资产周转率是一个很重要的指标。因为它能体现在公司经营期间全部资产从投入到产出的流转速度，能够反映公司全部资产的管理质量和利用效率。

对一个公司来说，通过分析资产周转率，可以发现自己与同类公司在资产利用上的差距，从而促使自己提高资产管理质量和资产利用效率，最终促进自己的长足发展。从这一点来看，资产周转率在公司的发展中具有非常重要的意义。

2.5 账面价值

账面价值通常是指资产类科目的账面余额减去相关备抵项目后的净额。而这里提到的账面余额是指某科目的账面实际余额,也就是指没有进行过备抵项目的扣除(如累计折旧、相关资产的减值准备等)的金额。

账面价值的计算公式如下:

账面价值=资产账面余额-资产折旧或摊销-资产减值准备

与账面价值相关的概念还有账面净值,它通常是指资产类科目的账面余额减去相关备抵项目后的净额。

对股份有限公司来讲,账面价值也称股票净值。对固定资产来讲,账面价值=固定资产的原价-计提的减值准备-计提的累计折旧;账面余额=固定资产的账面原价;账面净值=固定资产的折余价值=固定资产的原价-计提的累计折旧。

2.6 预算编制

预算编制是《中华人民共和国预算法》的主要内容,是各级政府、各部门、各预算单位制订筹集和分配预算资金年度计划的预算活动。

公司在经营过程中,为了确保经营活动能够顺利进行,引进了预算编制的做法。预算编制分为自上而下和自下而上两种形式。这里主要讲解自下而上这种形式。

所谓自下而上的预算编制,是指从基层管理人员出发而制定的预算编制。自下而上的预算编制的优势在于基层管理人员对具体活动的流程及所需的资源有更好的把握,让他们进行预算编制可以减少资源浪费。

自下而上的预算编制的具体要求是,全面考虑所涉及的所有工作任务。在这个过程中,相关人员一般要运用 WBS(Work Breakdown Structure,工作分解结构)对项目所涉及的所有工作任务的时间和预算进行仔细的考察。

虽然自下而上的预算编制是从基层管理人员出发的,但最终编制的预算仍需上级管理部门审核。预算编制一定要实事求是地进行。不过,在有些公司可能会出现基层管理人员高估自己的资源需求的情况,因为基层管理人员认为上级管理部门一定会削减预算。同时,上级管理部门会认为基层管理人员造假。长此以往,一个不健康的预算体系就会逐渐形成。从长远来看,这不利于公司的发展。因此,要保证自下而上的预算编制能切实发挥作用,公司还需要制定一套完善的监督、审核体系。

2.7 资本支出

资本支出也是会计学中的一个重要概念，又称收益支出，是指使固定资产增值所产生的所有经费支出。

公司的资本支出是长期资金投入的增加，所以资本支出是一个增量概念。例如，房屋、机器设备的购置费用，设备的维修费用，打造公司文化的费用等，都属于资本支出。

资本支出的计算公式如下：

资本支出=购置固定资产、无形资产和其他长期资产所支付的现金

除了上面的计算公式，常用的资本支出的计算公式还有以下两个：

资本支出=购置各种长期资产的支出-无息长期负债

资本支出=净经营长期资产增加+折旧与摊销

2.8 销售毛利

销售毛利是针对公司所出售的商品而言的，它涉及销售价格和进货价格。例如，某商品的进货价格是500元，销售价格是1000元，那么该商品的销售毛利就是500元。

销售毛利的计算公式如下：

销售毛利=销售收入-销售成本

除了上面的计算公式，常用的销售毛利的计算公式还有以下两个：

销售毛利=销售收入-销售折扣

销售毛利=销售收入×毛利率

2.9 成本收益分析

成本收益分析是指以货币单位为基础，对投入与产出进行估算和衡量的方法。它属于预算机制的一种，是对未来收益做出的预估方案。也可以说，它是一种量入为出的经济性理念。成本收益分析能够帮助经济主体在经济活动中做出有利的决策，达到盈利的目标，因为成本收益分析可以帮助经济主体找到获利最大而投入最少的参与经济活动的方式。由此我们可以得出成本收益分析的3个特点，即自利性、经济性、计算性。

2.10 流动资产与固定资产

流动资产是指公司在一定营业周期（一年或两年）内，可以变现或者耗用的资产。因此，流动资产是公司资产中必不可少的组成部分。流动资产包含的要素主要有以下几种：①银行存款；②库存现金；③交易性金融资产；④应收及预付款项、利息、股利、票据；⑤存货，包括原材料、库存、包装物、半成品。

流动资产在公司经营的过程中，其形态不断发生变化，从最初的货币资金变成储备资金，变成固定资金，变成生产资金，变成成品资金，最终又将变成货币资金。在这个过程中，流动资产的形态变化始终与公司的生产流通环节紧密相连。

为了确定流动资产的合法性和合规性，也为了便于检查流动资产的业务账务处理的正确性，提高流动资产的利用率，公司有必要加强对流动资产业务的审计。

公司资产除包括流动资产以外，还包括非流动资产。非流动资产是指不能在一年或者超过一年的营业周期内变现或者耗用的资产，其所包含的要素主要有以下几种：①固定资产，包括房屋、建筑物、机器设备、运输设备、工具、器具；②无形资产；③长期股权投资；④在建工程、工程物资、开发支出。

无论是流动资产还是非流动资产，都是由公司过去的交易或者事项形成的、被公司拥有或者控制的、预期会给公司带来经济利益的资源，所以二者对公司的发展有着非常重要的意义。

2.11 流动比率

流动比率是指流动资产对流动负债的比率，其作用是衡量公司流动资产在短期债务到期以前，可以变为现金用于偿还负债的能力。

流动比率越高，说明公司资产的变现能力越强，因此短期债务的偿还能力越强；反之，则说明短期债务的偿还能力越弱。在一般情况下，公司的流动比率在2∶1以上，也就是流动资产是流动负债的2倍以上，才能够保证公司有偿还能力。

其中，流动负债也叫短期负债，是指公司在一定营业周期（一年或两年）内将要偿还的债务，包括应付账款、应付票据、应付股利、短期借款、预收账款、应交税金及其他暂收应付款项。

2.12　资产负债率

资产负债率是用来衡量公司财务杠杆使用情况和偿还能力的指标，表明公司资产中有多少是债务。资产负债率可以反映公司的资金主要来源于融资还是股东出资，也可以被用于检查公司的财务状况是否稳定。

下面以有形资产负债率为例来进行说明。有形资产负债率的计算公式如下：

$$有形资产负债率=负债总额/有形资产总额×100\%$$

其中，有形资产总额=资产总额-（无形资产及递延资产+待摊费用）。另外，资产负债率越高，说明公司的资金主要来源于贷款，或者公司是以债券的形式募集资金的。同时说明公司有较大的还款付息压力，公司进一步使用财务杠杆的方式来举债的空间很小。

从财务学的角度来说，我们一般认为理想化的资产负债率是40%左右，上市公司略微偏高，但上市公司的资产负债率一般不超过50%。一般来说，如果公司的资产负债率在50%以下，就说明公司的偿还能力较强；反之，则说明公司的偿还能力较弱。至于资产负债率为多少算是合理的，我们还需要参考同一行业中其他公司的情况，以及公司的具体业务情况和所处的市场地位。

2.13　经济增加值

经济增加值也叫经济附加值，是指公司从税后净营业利润中扣除股权和债务的全部资本成本后的所得。因此，经济增加值可以作为评判公司经营者使用资本的能力，以及为股东创造价值的能力。

只有当公司的盈利额高于资本成本（股权成本与债务成本之和）时，公司才能为其股东创造价值。经济增加值的计算公式如下：

$$经济增加值=税后净营业利润-资本总成本$$

对一个公司来说，经济增加值也是其业绩的一个评估标准。因此，经济增加值也可以作为公司经营业绩的考核工具。而且，经济增加值有助于公司管理者及时调整管理策略，不至于出现在产品滞销的情况下还在扩大生产的现象。

2.14　财务杠杆

财务杠杆是指由于固定债务利息和优先股股利的存在，而导致的普通股每股利润变动幅度大于息税前利润变动幅度的现象。因此，财务杠杆也叫筹资杠杆或融资杠杆，它是一个应用非常广泛的概念。

如果说财务杠杆是对负债的一种利用，那么我们可以将它定义为公司在制定资本结构决策时对债务筹资的一种利用。如果财务杠杆是通过负债经营起作用的，那么我们可以将其定义为一种通过在筹资中适当举债来调整资本结构，从而给公司带来额外收益的财务管理方式。在这种情况下，财务杠杆有正负之分。如果负债经营能让公司的股利上升，那么我们便称之为正财务杠杆；反之，我们则称之为负财务杠杆。

财务杠杆作用的大小可以用财务杠杆系数来表示，而且财务杠杆作用与财务杠杆系数之间存在正相关关系。

财务杠杆系数的计算公式如下：

财务杠杆系数=普通股每股利润变动率/息税前利润变动率

2.15 资本成本

资本成本不是实际支付的成本，而是一种机会成本。所谓机会成本，是指公司决策者在有限的资源内，将这些资源用于某个项目，而不得不放弃将其用于其他项目的最高收益。

例如，你有一块土地，你可以选择用来种粮食，也可以选择用来开发房地产，如果种粮食的收益是 2000 元，开发房地产的收益是 50 000 元，那么你将这块地用来种粮食时，你的机会成本就是 50 000 元，而当你将这块地用来开发房地产时，你的机会成本就是 2000 元。

在决策时，机会成本越低，风险系数就越小。创业者需要了解机会成本这个概念，明白做任何决定都存在潜在的风险，应学会避开不必要的投资风险，选择拥有最高价值的选项，放弃选择机会成本最高的选项，为公司的发展做出正确的决策。

资本是一个公司赖以生存和发展的重要前提。当公司在发展的过程中遇到资本短缺的情况时，公司会通过发行债券、发行股票，以及向银行或非银行金融机构借款、贷款的方式来填补资本的空缺。无论采取哪一种方式，公司都需要支付一定的手续费。这些手续费就是公司获得资本的代价。因为公司需要为发行的债券、股票支付股息、利息，需要为借款、贷款支付利息，所以这些股息、利息就成为公司获得资本的代价。

资本成本按其性质划分，可以分为债务资本和自有资本。债务资本是指借入的长期资金。对于债务资本，公司需要还本付息，因此使用债务资本会给公司带来较大的财务风险。自有资本则是指公司自身拥有的资本。公司在使用自有资本时，不用支付利息，也不用还付本金，所以相对来说，使用自有资本的风险较小。

资本成本是公司决定筹资与否的依据，是公司评价和选择投资项目的标准，是衡量公司资金效益的临界基准。因此，资本成本在公司经营的过程中有着非常重要的意义和作用。

2.16 投资资本

投资资本是指所有投资者投入公司经营的全部资金的账面价值，也指公司全部资产减去其商业信用债务后的净值。

投资资本包括债务资本和股本资本。其中，债务资本是指债权人提供的短期贷款和长期贷款，而不包括应付账款、应付单据及其他应付款等商业信用负债。

投资资本的计算公式如下：

投资资本=权益资本的投入额+债务资本的投入额

除了上面的计算公式，常见的投资资本的计算公式还有以下两个：

投资资本=股东权益+全部利息债务

投资资本=营运资本+长期资产净值-无息长期负债

2.17 实缴股本

实缴股本是指公司在成立时实际收到股东所投入的资金总额。因此，它又叫实收资本，是公司实际拥有的资本总额。

由于《公司法》对公司资本实行认缴制，股东在认购股份后，可以一次性缴清，也可以在一定期限内分期缴纳，因此公司的实缴股本一般会小于注册资本。

2.18 资产回报率

资产回报率又称资产收益率，是用来衡量公司对所有经济资源利用效率的指标，主要用来表明每单位资产创造了多少净利润。

资产回报率的计算公式如下：

$$资产回报率=税后净利润/总资产×100\%$$

资产回报率越高,说明每单位资产创造的价值越大,也说明公司对资产的利用效率越高。例如,沃尔玛和某普通商场出售同一款洗发水,假设普通商场的利润率为10%,沃尔玛的利润率为3%。从表面上看,二者的利润率相差悬殊,沃尔玛似乎毫无优势可言。但是,不要忽略一件事,那就是普通商场一个月可能只进1次货,而沃尔玛一个月可能进10次货。总体而言,普通商场一个月的利润率是10%,而沃尔玛一个月的利润率是3%×10=30%。

2.19 投资回报率

投资回报率是指公司所投入资金的回报程度。投资回报通常是公司获利的一个重要来源。公司为了提高生产效率而购进一批先进的生产设备,这叫投资;同样,公司为了获取预期收益或股权而购买债券、股票,这也叫投资。因此,投资可以分为实业投资和金融投资两种。

投资回报率的计算公式如下:

$$投资回报率=年利润或年均利润/投资总额×100\%$$

投资回报率是在衡量一个公司的盈利状况时所使用的比率,也是衡量一个公司经营效果和效率的综合性指标。另外,创业者了解投资回报率,可以为公司优化资源配置。

2.20 销售回报率

销售回报率是衡量公司从销售额中获取利润多少的指标。

销售回报率的计算公式如下:

$$销售回报率=税后净利润/总销售额×100\%$$

计算销售回报率,可以为公司管理者提供是否需要调整销售策略的依据。如果销售回报率偏低,就说明公司的销售策略有待改进;反之,则说明公司的销售情况良好,公司的总体运营态势良好。

2.21 财务报表

通俗地讲,财务报表是反映公司主体财务状况及经营状况的会计报表。它是以会计准则为规范编制的，是用来向所有者、债权人、政府、其他有关各方及社会公众等外部反映公司财务及经营状况的一系列会计报表。

　　财务报表由资产负债表、现金流量表、损益表、财务状况变动表、附表组成。财务报表是财务报告的主要部分，因此财务报表中的各项数据必须真实可靠、内容完整、计算准确、报送及时。财务报表按照不同的分类标准，可分为众多类别。例如，按编制时间分类，财务报表可分为月报、季报和年报；按服务对象分类，财务报表可分为对外报表和内部报表等。

　　公司管理者可以通过财务报表清晰地了解公司的运营状况，从而据此做出改变管理方式与否的决定。因此，财务报表对公司的发展而言至关重要。

第2篇

合伙篇

第 3 章

启动资金：创业资金从哪来

资金是公司经营与发展的血液，没有资金，公司的经营活动就难以为继。那么，公司经营与发展的资金该从何而来呢？尤其对创业新手来说，寻找资金是一个非常关键的问题。资金的来源渠道多种多样，本章详细介绍5种资金筹集方式，以帮助创业者解决资金问题。

3.1 个人积蓄与他人赠与

一般来说，创业者可以分为两种类型：一种是拥有充裕启动资金的创业者；另一种是资金不足的创业者。对前者而言，他们先积攒了充足的资金，然后进行创业活动，基本上不用担心资金的问题，他们成立公司就是以自有资金为基础的。

所谓自有资金，即公司或公司经营者自身所拥有的资金。对公司来说，它是一个与借入资金相对应的概念。自有资金是指公司在生产经营活动中经常持有，可以进行自行支配，并且不需要偿还的资金。如果公司创立者拥有足够的自有资金，那么整个公司的经营活动就有了前提保障。

自有资金的来源一般分为两种：一种是通过自己工作积攒的；另一种则是来源于他人的赠与。不论自有资金是以何种方式获得的，资金的拥有者都对其享有绝对的支配权。而且，如果创业者拥有足够的自有资金，那么其在成立公司及公司经营的过程中受到的阻碍将会大大减少，而效率会大大提高。

例如，小王的父亲拿出5亿元资金让小王创业，小王用这5亿元资金成立了一个投资公司。对小王来说，投资公司的资金来源就属于自有资金。

并非每个人都能在拥有充足的自有资金的前提下开始创业。而且，经济市场瞬息万变，各种机会稍纵即逝。如果创业者有了好的想法与创意不立即行动，而是先考虑积攒资金，就很可能与机会擦肩而过。因此，对创业者来说，能够拥有足够的自有资金自然是一件十分美好的事情，但是即使没有，也要大胆地实践自己的创业理想。因为资金的筹集还可以通过其他渠道来实现。

3.2 变卖不动产

那些资金不足的创业者通常看准了市场形势，或者有好的想法与创意，再加上具有敢想敢做的性格，于是风风火火地投入创业浪潮中。对这类创业者来说，资金是创业的首要问题。

创业者除了可以利用自有资金来创办公司，还可以采用其他方法筹集资金，如通过变卖不动产来筹集资金。所谓变卖不动产，是指将自己拥有所有权的不动产通过售卖的方式变现，以此作为创业的启动资金。

为了保证不动产变卖得物有所值，创业者在正式变卖不动产之前，应该对所要变卖的不动产进行市价估算，这样就能为实际变卖提供价格参考依据，不至于以过低的价格卖掉不动产。同时，创业者可以请专业的估价师对不动产进行价格估计，这是非常有必要的。

此外，变卖工作还可以由专业人士处理，这样可以提高变卖的效率。例如，房屋变卖可以由房地产中介公司进行。专业的房地产中介公司的客户量大，而且更容易取得客户的信任，变卖不动产的成功率会更高。

3.3 向亲朋好友筹资

一个人的力量是有限的，但是一群人的力量是不容小觑的。因此，当创业者面临资金不足的情况时，可以考虑向亲朋好友筹资。哪怕只能从一个亲朋好友那里筹集到有限的资金，亲朋好友多了，自然就能筹集到可观的资金。

当然，为了给亲朋好友一个交代，也为了吸引更多的亲朋好友投资，创业者最好在借钱之前先准备一份分红方案。当亲朋好友觉得自己的投资行为有利可图时，其投资热情自然会更加高涨。

从理论上来说，创业者给亲朋好友的分红越丰厚，越有可能吸引更多的人参与进来。但事实上，创业者不是慈善家，不可能将公司经营所得全都分给参与投资的亲朋好友。公司的后期运营与长期发展，都需要以这笔资金为前提。因此，创业者在向亲朋好友筹资时，有必要制定一套合理、合法的分红方案。

那么，分红方案究竟该如何制定呢？什么样的分红方案更具有吸引力呢？回答了这两个问题，创业者就能制定出有效的分红方案了。制定分红方案应注意的 4 个问题如图 3-1 所示。

- 以公司的实际运营情况为依据
- 以法律、法规规定的分红原则为准则
- 参考行业内其他公司的分红标准
- 实行长期激励机制

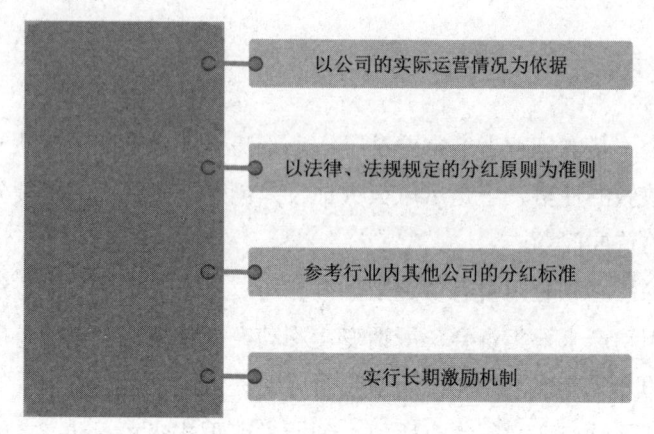

图 3-1　制定分红方案应注意的 4 个问题

1. 以公司的实际运营情况为依据

由于筹集资金是用于公司运营的，因此分红也源于此。而且，一旦向亲朋好友展示了分红方案，创业者就应该执行分红方案。否则，如果不能兑现分红承诺，创业者就会失信于亲朋好友，以后将很难再获得亲朋好友的帮助。

另外，创业者在制定分红方案时，需要从公司的实际运营情况出发，切不可为了吸引投资，不顾公司的实际运营情况，故意夸大投资收益。创业者这样做可能在当时会吸引到部分亲朋好友的投资，但从长远来看，会引发很严重的后果，给公司的财务造成很大的压力，影响公司的发展。

2. 以法律、法规规定的分红原则为准则

凡是通过筹资启动的公司，分红都是不得不涉及的问题。为了使分红更加规范，我国出台了相关的法律、法规，创业者在制定分红方案时，需要以法律、法规为依据进行。《公司法》第一百六十六条规定："公司分配当年税后利润时，应当提取利润的百分之十列入公司的法定公积金。公司法定公积金累计额为公司注册资本的百分之五十以上的，可以不再提取。公司的法定公积金不足以弥补以前年度亏损的，在依照前款规定提取法定公积金之前，应当先用当年的利润弥补亏损。公司从税后利润中提取法定公积金后，经股东会或者股东大会决议，还可以

从税后利润中提取任意公积金。公司弥补亏损和提取公积金后所余税后利润,有限责任公司依照本法第三十四条的规定分配;股份有限公司按照股东持有的股份比例分配,但股份有限公司章程规定不按持股比例分配的除外。股东会、股东大会或者董事会违反前款规定,在公司弥补亏损和提取法定公积金之前向股东分配利润的,股东必须将违反规定分配的利润退还给公司。公司持有的本公司股份不得分配利润。"

《公司法》对于公司的利润分红有着明确而又严格的限制。如果没有明确的限制,随意制定分红原则,就会破坏经济秩序,不利于经济市场的稳定和发展。当然,公司在这样的经济环境下也难以获得长足发展。

3. 参考行业内其他公司的分红标准

在通常情况下,公司在制定分红方案时会考虑两个方面的因素:一方面是以法律、法规为依据;另一方面则是以公司的实际运营情况及行业普遍标准为基准。因此,创业者在制定分红方案时,还可以参考行业内其他公司的分红标准。

在依照法律、法规并充分考虑公司实际运营情况的前提下,分红数额可以略高于同行业的普遍标准,这样做显然能提高筹资的吸引力。不过,只有在公司财力允许的情况下才可以这样做。否则,如果后期实现不了,就会造成更严重的后果,如因失信而导致亲朋好友撤资,就会给公司财务造成压力,影响公司的长足发展。

4. 实行长期激励机制

公司的经营与发展是一项长期性的工作,所以很多时候公司不可能快速见到经营成效。这就意味着公司要经过较长的一段时间才能获得收益。在这种情况下,创业者在制定分红方案时,应该选择长期激励机制。这种做法能够缓解短期内的资金压力,为公司的顺利运营提供有力的保障。

长期激励机制的具体内容可以是更多的资金回报,也可以是公司的股权激励。创业者可以制定阶梯分红比率,如1年后的分红比率为5%,2年后的分红比率为7%,5年后的分红比率为10%,10年后的分红比率为20%。这种阶梯制的分红方式,既能使投资者安心,又能确保公司的长足发展。

向亲朋好友筹资,最关键的前提是创业者要有一群可以提供资金的亲朋好友。换句话说,创业者的人脉很重要。因此,凡致力于自己创业的人,应多结交志同道合、有能力、有资金的亲朋好友,这一点非常重要。

3.4 寻找专业的投资者

如果没有不动产可以变卖，没有亲朋好友可以筹资，那么创业者可以通过另一种模式——路演去筹集资金。

"路演"一词，简单来说，就是创业者在台上，投资者在台下，创业者将自己的商业计划说给投资者听，投资者如果觉得创业者的项目有潜力，就可能对创业者的项目进行投资。

其实，市场上从来不缺少投资者，缺少的往往是好项目。有时，遇到一个好项目，投资者之间的竞争也是非常激烈的，他们甚至会为了一个好项目，不惜投入巨资。因此，只要创业者的项目好，后期发展潜力大，创业者就不用担心自己的项目不被看好。当然，为了让投资者了解创业者的项目，创业者还需要用一些行之有效的路演方式进行推广。

中关村创业大街是国家扶持的创业平台聚集地，这里会开展诸多路演活动。创业者想要获得投资，前提是要有一个好项目，也要提前准备好一份优质的商业计划书，这样创业者的路演才有可能成功。

1. 路演的基本功

常规的路演一般是 7 分钟左右，这对创业者来说是好事也是坏事。好处是创业者有更多的机会参加更多的路演，坏处是创业者无法将一个项目真正讲透。路演虽然听起来简单，但还是需要下一些功夫的，否则就无法吸引投资者的关注。因此，路演需要扎实的基本功，即把握投资者的时间、把握投资者的立场、把握投资者的兴奋点。

（1）把握投资者的时间。

优秀的投资者一年要看上千份商业计划书，创业者为了让自己的商业计划书被投资者选中，需要将自己的特色或核心点尽早亮出来，即"直奔主题，不玩套路"。

（2）把握投资者的立场。

在面对对专业术语不够了解的投资者时，创业者在介绍自己的项目时，应尽量少用英文、专业术语等。在面对具有专业知识的投资者时，创业者就要随机应变了。

（3）把握投资者的兴奋点。

如果创业者介绍项目的亮点超过 5 个，那么这个项目对投资者来说是值得怀疑的。优质项目的亮点很少能超过 3 个，所以创业者要对自己的项目做好全面的把握，在介绍项目时要有侧重点。

2. 关于项目的深层次介绍

除了以上 3 点，创业者还需要做一些关于项目的深层次介绍。

（1）行业现状。

投资者不是万能的，他们可能对一些行业不了解、不认可，这是可以理解的。因此，在介绍某些领域的项目时，创业者需要将该行业的现状告诉投资者，给予其权衡利弊的机会。

（2）项目雏形。

当投资市场处于高潮期时，那些没有团队、没有资金、没有数据的创业者可能还有机会找到投资者。但是，如今投资市场处于冷静期，投资者相信的不是创业者的话，也不是创业者的抱负，而是实实在在的数据。如果创业者的项目已经有了雏形，那么投资者是很容易做出投资决定的。

（3）盈利模式。

很多人经常把"京东好多年都没有盈利，但市值却达到了数百亿元"挂在嘴边，京东的这种现象的确有，但很少。在一般情况下，对投资者来说，越早盈利越好，因为这会为自己带来希望，减轻心理上的风险压力。

（4）未来预期。

如果创业者在路演时将一些不切实际的豪言壮语说给投资者听，投资者就可能对创业者的阅历、能力产生怀疑。对于未来预期，人们常常会打个折扣，更理智的人通常给自己打的折扣是 2.5 折。毕竟理想与现实经常是有差距的，可能有人原以为自己能获得 500 万元的投资，到最后只获得了 100 万元，甚至可能更少，这就是理想与现实的差距。

3. 路演的加分项

路演的加分项如图 3-2 所示。

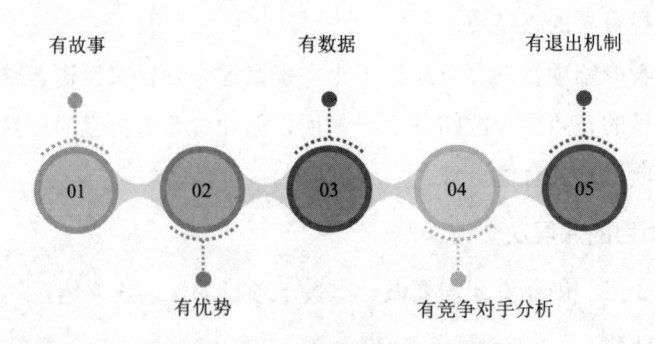

图 3-2　路演的加分项

（1）有故事。

创业者在路演的过程中讲一些小故事是很不错的。因为投资者喜欢听一些与创业者有关的故事，这些故事更容易让投资者了解创业者的团队和项目。当然，故事一定要围绕着创业者的项目，否则就跑题了。

（2）有优势。

创业者需要介绍项目的独一无二之处，以及为什么它能够解决自己所提到的问题。而且，这一部分内容最好是简约而不简单的，要做到让投资者在听过之后，可以轻松地向另一个人介绍创业者在做什么。

（3）有数据。

在创业初期，创业者可能没有太多成果性的收获，不过创业者可以讲述自己做了什么、做了多少、怎么做的，越具体越好，而且尽量用数据表达。投资者在投资前关注的核心也数据。创业者可以通过某些潜在的数据让投资者看到自己的项目的潜力。

（4）有竞争对手分析。

在"大众创业，万众创新"的大形势下，想做一款没有竞争对手的产品，其概率显然是很小的，因为我们的竞争对手早已先行一步，红利也早已被瓜分。当一个市场处于红海时，投资者不太容易感兴趣，因为这时的投资风险最大。创业者在做竞争对手分析时，既要强调差异化，又不能无视竞争对手，更不能贬低竞争对手，做到客观分析即可。

（5）有退出机制。

不少投资者都有过"被套"的感觉，因为在资金投放之后，有些创业者在商业计划书中没有明确退出机制,使投资者难以在想退出的时候退出,这会让投资者有很大的顾虑。如果创业者在商业计划书中提前制定好退出机制,投资者就会感觉更踏实。

3.5 通过众筹平台融资

在互联网时代,创业者可以考虑通过众筹平台融资。虽然众筹平台可以提供资金,但是要想以这种方式融资,创业者需要有一个好的项目规划,这个项目规划要切实可行、有创意、有新意,能够实现盈利目标。

众筹平台之所以愿意开展投资行为,其原因就在于它们希望用资本创造新的资本。通俗地说,就是用钱生钱,实现盈利目标。为了让众筹平台投资,创业者需要一份思路清晰、具有创意、能够让投资者看到盈利希望的项目规划书,这是融资成功的前提。

例如,"三个爸爸"牌空气净化器这个众筹项目在京东众筹平台上线后,不断刷新中国众筹史上一个又一个纪录。例如,半小时众筹金额超过 50 万元;在 1 小时后,众筹金额超过 100 万元;在 30 天后,众筹金额顺利超过预定的 1100 万元。这也是国内第一个众筹金额突破 1000 万元的项目。

为什么"三个爸爸"牌空气净化器能在京东众筹平台上取得这样好的战绩?其原因应该归结为两个方面:一方面是情怀因素;另一方面是产品的质量过硬。

首先,"三个爸爸"牌空气净化器之所以命名为"三个爸爸",有两个方面的原因:第一,"三个爸爸"牌空气净化器是由 3 位爸爸研发并制造的;第二,这 3 位爸爸研发并制造"三个爸爸"牌空气净化器,是为了给自己的孩子提供新鲜的空气,让孩子免受空气污染带来的种种伤害。

"三个爸爸"牌空气净化器凝聚了父亲对孩子的爱,对用户来说,购买和使用"三个爸爸"牌空气净化器,就是在表达自己对孩子的爱。如此具有情怀的产品,怎能不得到用户的信任和青睐呢?因此,"三个爸爸"牌空气净化器项目在京东众筹平台一上线,就引起了投资者的共鸣,吸引了大量的投资者。

其次,"三个爸爸"牌空气净化器是如何凭借产品取得用户信任的?当时,设计"三个爸爸"牌空气净化器的初衷是以戴赛鹰为首的 3 位爸爸,想给自己的孩子提供新鲜的空气,所以"三个爸爸"牌空气净化器使用的材料是最好的,而且 3 位创始人表示,敢把公司生产的每一台空气净化器给自己的孩子使用。因此,产品在进行内测的时候，就收到了如潮般的好评。

既有情怀因素，又有过硬的产品质量，这样的项目自然能给投资者带来很大的希望。因此，"三个爸爸"牌空气净化器众筹活动的成功是意料之中的事情。这也说明创业者要想通过众筹平台融资其实并不难，但前提是要有一个好的项目规划。那么，创业者应该从哪些方面来规划项目呢？一般来说，创业者可以从4个方面来规划项目，如图3-3所示。

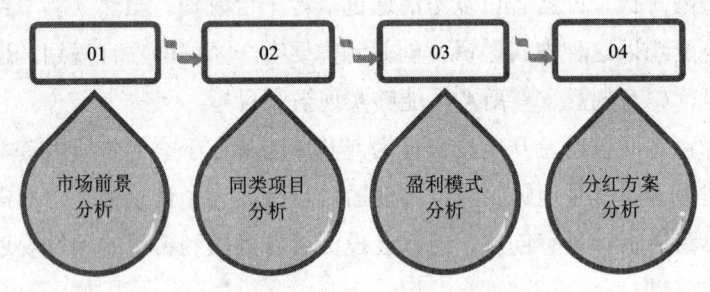

```
01 → 02 → 03 → 04
市场前景  同类项目  盈利模式  分红方案
 分析     分析     分析      分析
```

图3-3　创业者规划项目的4个方面

1．市场前景分析

任何项目都是以市场经济为前提的。市场前景较好的项目，投资者自然乐意投资；反之，投资者不愿意投资。因此，要想让投资者做出实际的投资行动，创业者就应该先让投资者了解项目良好的市场前景。因此，项目规划书的第一项内容便是市场前景分析。当然，创业者要以实际情况和数据对市场前景进行分析，不能为了吸引投资者而胡乱分析。

另外，投资者在进行投资时，尤其是投资大型投资项目时，会聘请专业人士进行全方位分析，从而做出投资与否的决定。投资者一旦发现创业者的分析与实际情况有出入，其对项目的好感就会大打折扣。

可能有些投资者自身就是经验丰富的专业人士，所以能够准确地对项目中提到的市场前景进行分析。如果创业者提交的项目规划中有虚假成分，创业者就会失信于投资者，这也意味着这个项目难以获得投资者的投资。

2．同类项目分析

创业者有必要将同类项目分析的内容写进项目规划书中。与同类项目做比较，能够清晰地反映创业者的项目的优劣势及可行性。对投资者来说，他们能从这一项内容中判断投资后的收益情况，以及决定是否有必要投资。投资者每天要面对大量的投资项目，所以创业者要想打动投资者，就应该站在投资者的角度，尽可能地展示投资者关心的内容。

3. 盈利模式分析

投资者不可能无缘无故地为创业者的梦想买单。创业者要想通过众筹平台融资，就应该向投资者展示其投资后可获得的好处，即能够从中获得的收益。只有在创业者的公司盈利的情况下，投资者才能享受投资收益。否则，投资者的收益就无从谈起。而公司的盈利情况与公司的盈利模式有着很大的关系。因此，创业者需要将公司的盈利模式写进项目规划书中。

为了确保盈利模式切实可行，创业者在确定盈利模式之前，需要参考其他公司的做法，查阅相关资料，聘请专业人士帮助自己。总之，盈利模式是关乎公司盈利与否的重要内容，也是关乎投资者投资与否的重要前提，创业者一定要严肃对待。

4. 分红方案分析

创业者通过众筹平台融资，是为了保证公司能够顺利经营与发展；而投资者进行投资活动是为了获得投资收益。如果创业者的公司的运营状况良好，就可以为投资者带来投资收益。尽管双方的初衷截然不同，但最终还是紧密地联系在一起，因为双方有共同的利益。因此，投资者的投资收益该如何计算、又该如何分配，这些问题都需要明确。所以，创业者十分有必要制定明确的分红方案。

第 4 章

寻找助力：找到合伙人

俗话说："一个篱笆三个桩，一个好汉三个帮。"一个人的能力毕竟是有限的，如果一个创业项目靠自己很难完成，那么不如找一个好的合伙人，选择了正确的团队，就是完成了 80% 的工作。经调查发现，大多数活跃在新经济领域的第三代公司与靠单枪匹马打天下的传统公司不同，它们中 90% 以上都喜欢抱团创业，一般都有一个 3 人以上的创业团队。然而并不是任何人都可以作为合伙人的，特别是初次创业者，更应该擦亮眼睛，选择适合自己的合伙人，建立一个专业、分工明确、互补明显的创业团队，千万不要因为盲目选择合伙人，而让自己的创业机遇付诸东流。

4.1 了解他的创业理念和兴趣爱好

很多人在创业前期会因为资金、环境、技术等各种各样的问题而选择合伙创业。于是，合伙创业成了一种常见的合作模式。然而，很多创业者与合伙人之间因为种种矛盾而使得公司拆伙的新闻也屡屡见诸报端。因此，选择合伙人是一个技术活，选得不好，就很可能导致创业失败。那么，创业者应该选择什么样的人作为自己的合伙人呢？

在选择某个人作为自己的合伙人之前，创业者要确定他的创业理念和自己的创业理念一致。创业者与合伙人还可以根据各自的兴趣爱好和特长，分工合作。这样不仅可以减小风险，还能充分发挥各自的优势，共同将公司做大。

在西门子、百度、腾讯等多个大型公司的背后，有一个公关公司——蓝色光标，随着这些大型公司的纷纷上市，以及多场轰动全国的"商战"爆发，蓝色光

第4章 寻找助力：找到合伙人

标逐渐出现在公众的视野里。该公司的创始人赵文权等5个合伙人的曝光度也越来越高。

赵文权是北京大学政治学与行政管理系的毕业生，他的第一份工作是在王府井百货大楼卖布鞋。蓝色光标的另一个创始人是经济学专业的孙陶然，他和赵文权是校友，他热情、喜欢玩，尤爱户外运动。他和赵文权在上大学时就一起组织读书会，一起参加很多社团活动。

赵文权曾说："我们5个人中，他（孙陶然）是唯一一个有冒险精神的人。"孙陶然的确是一个敢想敢做的人，他有多次创业经历。

在大学毕业后，孙陶然进入四达集团公关部。后来，赵文权在孙陶然的劝说下，也进入四达集团做公关工作，尽管当时他并不知道什么是公关。在四达集团工作期间，赵文权和孙陶然的客户均为IT公司。也就是在这段时间，他们结识了蓝色光标的另外3个合伙人——许志平、吴铁和陈良华，这3人均来自IT行业。当时，许志平是联想公司总裁办主任；吴铁是连邦软件总裁，此前与王文京、苏启强创立了用友软件；陈良华是长城电脑市场部总经理。许志平、陈良华也曾在北京大学就读于计算机专业。吴铁是唯一一个财务出身的人。吴铁说："我们5个人做的事都与IT相关，又都从事营销方面的业务，因志同道合而容易成朋友。"

赵文权由于在四达集团工作期间表现出色，在1994年，受邀担任某公关公司的总经理。但是在两年后，老板要求关闭该公关公司，当然赵文权就失业了。但是，他觉得中国市场未来会越来越需要公关这个行业，所以他想创办一个公关公司。

于是，他找了自己的好友孙陶然，想拉他合伙创业。当时，孙陶然想构建一个传播集团，包括全案代理、媒体代理、公关、市场研究、DM杂志等。赵文权的想法与孙陶然不谋而合，所以两人一拍即合。但是，孙陶然觉得两人的力量太小，于是他们又邀请了许志平、吴铁和陈良华一起创业。吴铁说："我们5个人都对公关行业有共同的直觉，觉得这个行业有机会，所以坐下来谈创业很容易达成默契。"

许志平认为蓝色光标的5个合伙人背景各异，互相之间可以互补，大家又互相信任，所以才凑在一起干。

赵文权也曾说："当时大家是不错的朋友，觉得几个人在一起可以做一些事。"而且当时公关行业的门槛低、风险小，也让5人无所顾虑地开始一起创业。

45

1996年8月，赵文权、孙陶然、吴铁、许志平和陈良华齐聚北京大学南门外的一幢写字楼内，合伙创立了蓝色光标。5个人每人出资5万元，人均持股20%。

在创立蓝色光标之后，吴铁被其他4人推举为董事长，直至2008年。因为他是财务出身，知道怎么管钱，当时大家都觉得对公司来说管钱比较重要。虽然吴铁是董事长，但他并不参与蓝色光标的运营。赵文权笑着说："我们的董事长更像是一个会议召集人。"

当时由于其他4人都有自己的"主业"，孙陶然忙于自己的多个创业项目，吴铁热衷于互联网，而许志平和陈良华也要忙于各自的策划事业，他们并不参与公司运营，更像是投资人。只有赵文权没有工作，且有多年做公关的经验，于是他自然成为蓝色光标的首任总经理，蓝色光标的运营实际上只有他一人负责。孙陶然认为赵文权是一个管理型、领军型人才。

然而，其他4个合伙人并非对公司撒手不管。在蓝色光标初创时，赵文权、孙陶然、吴铁委托善于策划的许志平和陈良华制定公司的3年发展规划。3年发展规划的内容：第一年利润达到100万元，第二年营业额达到1000万元，第三年资产达到1000万元。许志平介绍，最初他们5个合伙人的分工并不明确，但他们一起通过董事会决定公司的发展方向。

在创业前期，蓝色光标只做IT行业的公关业务，受益于20世纪90年代末国内互联网的火热，蓝色光标最初的发展很轻松。3年后，蓝色光标最初制定的3年发展规划全部实现。

随着蓝色光标的市场发展越来越好，技术出身的许志平在2005年进入蓝色光标管理层，任副总经理。他主要负责蓝色光标的信息系统，逐渐搭建了蓝色光标的财务、项目管理和采购系统。日后，蓝色光标一年管理数千个项目，正是得益于这些系统。

"他（陈良华）一直是蓝色光标的首席策划师，帮助构建蓝色光标的知识体系、方法论。"孙陶然说。的确，陈良华是他们5人中读书最多的一个，想法也很多，一直被大家称为"博士"。陈良华对于公关颇有见解，他提出保持与记者亲和、制造概念、少登广告、多发稿件争取媒体版面，甚至以稿件上报纸作为衡量业绩的标准，这被公司上下一直"奉行"，让其在业内迅速博得名气。蓝色光标也因此逐渐得到了腾讯、百度、联想等大客户的信任。

虽然陈良华在 2007 年才正式担任蓝色光标的高层管理者，但其在公司成立之初即制定了蓝色光标的发展策略。

如今，蓝色光标是中国本土公共关系行业的著名公司之一。蓝色光标所取得的成果，与这 5 个合伙人的分工合作是分不开的。他们的合作秉承各取所长、共同发展的原则。

因此，创业者在选择自己的合伙人时，一定要了解他的兴趣爱好，他是否能与自己互补。创业者只有选择了在某些方面与自己具有互补性的合伙人，才能在工作能力、专业技能、性格、社会资源方面各取所长，达成互补，才能发挥出更多的能量。

4.2 了解他的过往经历

为了避免出现不必要的麻烦，创业者在选择合伙人时要先对他的过往经历进行了解。而了解一个人过往经历的最简单的方法就是与他进行闲谈。从闲谈中，创业者应该多注意他对生意门路的看法，以及他流露的经商天赋，看他是否适合自己，是否能助自己一臂之力，以及是否能为自己带来一定的资源，如客户、资金、管理人才等。通过了解他的过往经历，创业者要判断出他是否适合作为自己的合伙人。一般来说，不适合作为合伙人者有以下几类，如图 4-1 所示。

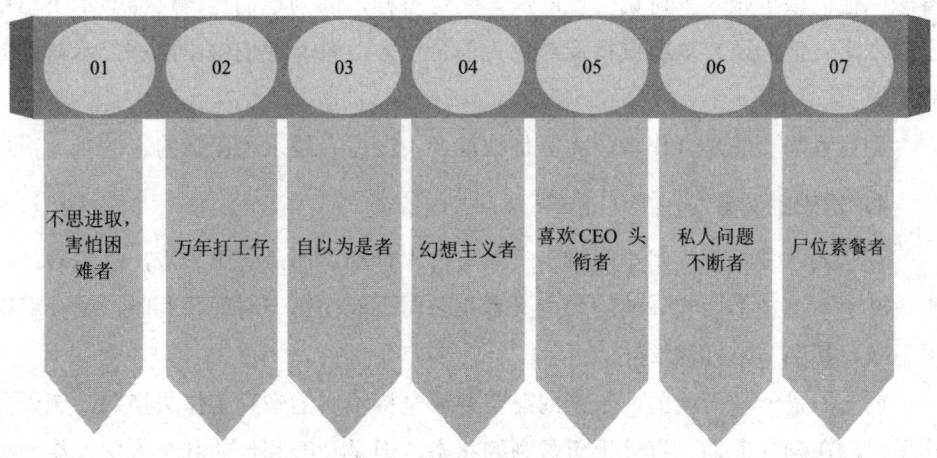

01	02	03	04	05	06	07
不思进取，害怕困难者	万年打工仔	自以为是者	幻想主义者	喜欢 CEO 头衔者	私人问题不断者	尸位素餐者

图 4-1　不适合作为合伙人者

1. 不思进取，害怕困难者

在与选择的合伙人闲谈时，创业者可以适当地挖掘一些他之前做过的值得骄傲的事。如果他没有做过值得骄傲的事，或者总是说有困难，他就不适合作为合伙人。

创业是有风险的，而且在创业过程中会有很多困难，这就要求创业者的合伙人是一个积极向上、有理想有目标的人。这样创业者和合伙人才能相互影响、相互鼓励，才有走下去的动力。如果创业者选择的合伙人是一个不思进取、害怕困难的人，那么这不仅会打击创业者的进取心，还会让创业难上加难。

2. 万年打工仔

在闲谈时，如果创业者发现自己选择的合伙人有很多简历和资历证明，却没有创业经历，就要果断放弃这样的人。

这样的人被人们称为万年打工仔。他们一般过得比较安逸，不喜欢冒险。他们无法独自经营公司，需要创业者一个指令、一个动作地教他们如何发展公司。因此，创业者一定不要选择那些不喜欢冒险、与自己的目标不一致，以及无法贡献同等时间、精力和资金的人作为合伙人。

3. 自以为是者

自以为是的人总是自以为自己说的永远都正确，对每件事情都要发表自己的看法。他们很少跟别人讨论自己的决策制定过程，因为他们觉得这样显示不出自己的水平。他们还喜欢贬低持反对意见的合伙人，背着他们做出能够显示自己的决策。

创业者需要的是合作者，而不是独裁者。没有人是永远正确的。

4. 幻想主义者

有些人总爱幻想，却不能脚踏实地地付出行动，而是急于求成，总想着一口吃成胖子。这种不切实际的幻想主义者在公司不能在第一时间盈利时，就会变得很急躁，甚至开始打退堂鼓。

创业不是一蹴而就的，未来的财富要靠坚持不懈的辛勤工作去换取。例如，阿里巴巴在创立前期一直处于负盈利的状态，但是马云和他的几个合伙人靠着耐心撑了下来。如今，阿里巴巴全年的净利润已超过1000亿元。因此，创业者需要有耐心，不能选择幻想主义者作为自己的合伙人。

5. 喜欢 CEO 头衔者

在闲谈中，如果创业者发现自己要选择的合伙人没有什么实力，不喜欢做事，却喜欢拿着 CEO 的架势夸夸其谈，就要果断放弃这样的人，因为公司不是靠名号、夸夸其谈就能取得成功的。因此，创业者选择合伙人要尽量避开那些光说不做的人。

6. 私人问题不断者

在闲谈和日常接触中，创业者要了解自己要选择的合伙人是不是私人问题不断者，经常要处理私人问题。创业者在选择合伙人时，要了解一下对方的家庭情况、经济状况等，以确定对方是不是私人问题不断者，如果是，就要果断放弃他。

7. 尸位素餐者

尸位素餐者是指那些占着职位不好好工作，无所作为的人。他们整天游手好闲，甚至很少在公司出现。这样的人是公司的负担，只会消耗利润。因此，创业者在选择合伙人时要避免选择这样的人。

4.3 了解他的品行

了解一个人，最好的办法就是走进他的朋友圈，看他的朋友对他的评价。

如今，QQ、微信已经成为主要的社交工具，很多人都会在 QQ 空间或者微信朋友圈发布一些日常的生活信息。创业者可以添加自己想选择的合伙人的 QQ、微信，进入他们的 QQ 空间和微信朋友圈看他们日常所发表的一些信息，以及关于这些信息的评论，借此了解他的日常生活。除此之外，创业者还要从其他方面打听他经常和什么样的人来往、他的品行如何。当然，不要只了解他的朋友对他的评价，他的竞争对手对他的评价或许更真实一些。

选择合伙人的标准：品行第一、价值观第二、工作态度第三、能力第四。可见，品行是选择合伙人最重要的指标。品行良好的人，能为他人树立榜样，给他人带来示范效应。品行良好的人，有好的习惯，可以影响他身边的人。与品行良好的人在一起合伙创业，何乐而不为？创业者应从哪些方面了解自己要选择的合伙人的品行呢？一个好的合伙人应该具备的品质如图 4-2 所示。

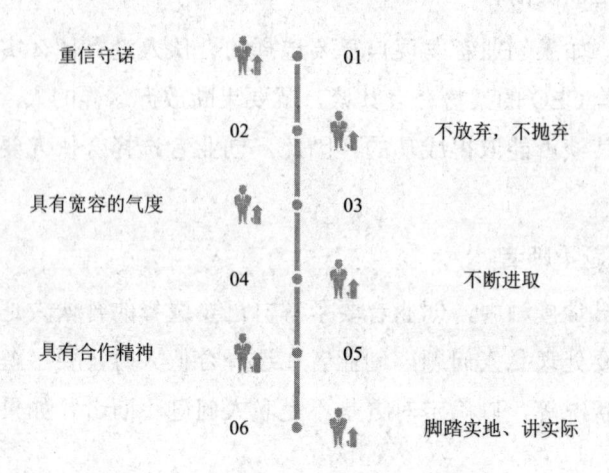

```
重信守诺              01
         02           不放弃，不抛弃
具有宽容的气度    03
         04           不断进取
具有合作精神    05
         06           脚踏实地、讲实际
```

图4-2　一个好的合伙人应该具备的品质

1. 重信守诺

合伙人人格中最重要的一点就是重信守诺，一诺千金。重信守诺不仅是宝贵的商业道德，还是合伙经营对合伙人的基本要求。

长江集团的创办人李嘉诚说："坚守诺言，建立良好的信誉，一个人良好的信誉是走向成功的不可缺少的前提条件。"

"诚信乃创业之本，育人为立国之基，融二者为一体，自能运筹帷幄，决胜千里。经营之道，贵在把握时机，运用市场规律。既要勇搏善战，又需严谋明断。"我国香港地产大亨李兆基说。

创立新世界发展有限公司的郑裕彤在总结其创业经验时，以"二十三字箴言"强调诚信的重要性："守信用、重诺言、做事勤恳、处事谨慎、饮水思源、不见利忘义。"

在公司创建初期，诚信更是起着关键的作用，它甚至决定着创业的成败。因此，合伙创业对合伙人的道德要求非常必要，也非常重要。因为不具备基本商业道德的人很可能断送公司的前途。因此，创业者，特别是创业新手，在选择合伙人时，一定要擦亮眼睛，多方打听合伙人的诚信情况，以免让居心不良者有可乘之机。

2. 不放弃，不抛弃

创业者要看自己要选择的合伙人是不是一个意志力比较强的人。遇到困难，不放弃希望、不抛弃创业者的合伙人是一个伟大的合伙人。

几年前，泰伦斯打算开一个设计公司，但是由于资金、技术等方面的原因，他打算找一个合伙人。其实，他心中早有人选，这个人就是克莱儿——一位优秀的设计师、发明家兼艺术家。泰伦斯和克莱儿之前是同事，他们曾经一起为许多公司工作过，两个人的合作很愉快，泰伦斯无法想象没有克莱儿，他的工作会怎样。

克莱儿也非常相信泰伦斯，于是，他们在各个方面都达成共识后，开始了创业之路。泰伦斯和克莱尔都坚定不移地为目标努力，他们曾经一起处理过一些棘手的问题。克莱儿对细节非常重视，泰伦斯从来没看到她在细节上卡到过，她总是关注泰伦斯想要的结果。这意味着她一直都不偏袒，一直向前。尽管她自己也是一个出色的艺术家，但她总是能理解和分享他们的商业目标。对克莱儿来说，她和泰伦斯不是对立的，而是互利共赢的，他们共同的目的是让公司达到更高的层次。

克莱儿在困难面前从不放弃公司，即使在公司生死存亡的关键时刻，她也不会垂头丧气，而是充满希望，这给了泰伦斯很大的鼓舞。最后，他们齐心协力，渡过了难关。在泰伦斯看来，克莱儿从未停止过对清除障碍的思考。这种耐力在合作中是无价的，因为她一直工作也会带动泰伦斯一起工作。她做出的承诺也会放大泰伦斯自己的承诺。这也是他们创建的设计公司在短短几年之内就在当地颇负盛名的重要原因。

可见，找一个意志力比自己更坚强的人合伙创业，不仅会让自己轻松很多，还会让创业之路顺畅很多。即使在创业过程中遇到困难，只要大家齐心协力，任何困难也都能迎刃而解。相反，如果创业者找一个意志力薄弱、遇到困难就想打退堂鼓、总是让自己泄气的人合伙创业，那么创业者肯定不会成功。

3. 具有宽容的气度

一个好的合伙人应具有宽容的气度。因为在创业过程中，谁都无法预料未来会发生什么事，如果你选择的合伙人心胸狭隘，有时因为你或者其他合伙人的某个决策或失误而给公司造成损失，他不是努力帮助当事人寻找解决的办法，而是落井下石，对当事人大发雷霆，严词谴责，还把一切罪责都推到当事人头上，就可能使合伙关系面临破裂的危机。

具有宽容气度的合伙人是好的合伙人。他们不会把辛苦的工作推给拍档，自己挑轻松的做，而是在事前订立公平分工的协议，并按照协议去做；他们不会斤斤计较，甚至在拍档不能做事时愿意为拍档分担工作；他们会把荣誉归于集体，会与大家共享荣誉和物质奖励；他们没有私心，总是把合作所得利益放在首要位置，不会私下独揽生意，将所有利益归己所有。所以，选择一个具有宽容气度的合伙人，会让你们的合作变得很和谐。

4．不断进取

一个好的合伙人应该是一个不断进取的人。一个不断进取的合伙人会让公司做得更大、更强。

如今，时代在快速发展，不思进取的人迟早会被社会淘汰。为了适应时代的发展趋势，人们要不断进取。创业者更需要树立积极进取的人生态度，这样才能在激烈的竞争中脱颖而出。

创业者还要让自己的合作团队时刻保持新的生命力，不断地让优秀的合伙人加入，保证创业团队是优秀的、有战斗力的团队，这样才能把公司做得更大、更强。

5．具有合作精神

一个好的合伙人应具有合作精神，因为在成功的道路上你们可能需要跟很多人合作，只有具有合作精神，才能让合作顺畅，最终取得成功。

合伙人还要有为对方着想的心态，在问题发生时，要懂得反思自己做错了什么还能做什么，而不是将责任推给对方、埋怨对方。合伙人必须充分信任和尊重彼此，并且具有承担风险的能力。

6．脚踏实地、讲实际

一个好的合伙人应该是脚踏实地、讲实际的人。因为务实、脚踏实地、肯干能吃苦的品质至关重要。拥有一个脚踏实地、讲实际的合伙人，会让大家干劲十足，那么还有什么事做不成呢？

4.4 观察他的社交能力

如今，很多人不敢创业的主要原因是认为自己没有技术、没有资金、没有资源、没有商机。其实，这是一种错误的想法。

马云在创业之初不懂程序、没有资金，但是他创业成功了。分析他的成功之路，有一群优秀的创业合伙人是其成功的主要因素。对马云来说，他没有技术，但是他的合伙人有技术；他没有资金，但是他可以和合伙人一起投资；他没有资源，但是他的合伙人有一定的资源。马云自己有的是什么呢？他有的是眼光和社交能力。马云的社交能力不可小觑，他的朋友众多，这为阿里巴巴的发展开拓了更为广阔的道路。

合伙人的社交能力是很重要的，如何才能看出一个人的社交能力的强弱呢？你可以邀请他参加自己的朋友聚会，在聚会中观察他的社交能力。

如果他在人多的或者陌生的聚会场合表现得比较拘谨，不会主动融入聚会中，也不会主动和别人交谈，那么他不适合作为合伙人。因为在创业过程中，你们可能会遇到这样的场合，如果你的合伙人不善言谈，就可能造成损失。因此，你最好选择社交能力强的人作为自己的合伙人，因为他们能快速融入大部分的社交场合。

通常来说，社交能力强的人一定是有气场和有自信心的人。然而，气场和自信是两个完全不同的概念，有气场一定有坚定的自信心，而有自信心不一定有气场。真正气场强大的人，能够在某种程度上突破各种心理限制，从而驱散自己内心的各种恐惧；真正气场强大的人，必然有坚定的信念和强大的自我，不会受到外界的人和事的影响，反而能影响别人、影响环境；真正气场强大的人，不需要金钱、权力、地位来支撑，即使剥夺了这些外物，他们也能坚信自己比别人强。

如何判断一个人的气场是否强大？我们可以从如图 4-3 所示的几个方面来判断。

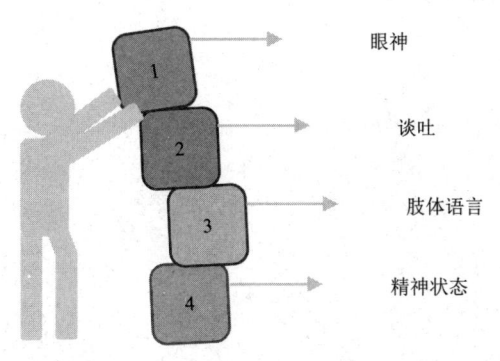

图 4-3　判断一个人的气场是否强大的几个方面

1．眼神

气场强大的人，眼神绝不可能呆滞、木讷，而是炯炯有神且坚毅的。如果你和气场强大的人对视，那么你的内心或多或少会被触动，那是一种无形的能直击你内心的触动，这种触动是一种轻微的情绪反应。

2．谈吐

谈吐包括说话的语气、语调、节奏及嗓音。气场强大的人，他们的谈吐稳定有力，而且抑扬顿挫，能够震慑他人。

3．肢体语言

气场强大的人，他们有着与普通人不一样的肢体语言。从他们的肢体语言中散发出来的感觉必定是沉稳淡定、从容不迫的，他们在举手投足间显示的都是自信满满、稳重的感觉。

4．精神状态

气场强大的人，他们在外人面前绝不会表现出萎靡不振的精神状态，他们的精神是饱满的，这种外化的内心能力可以渗透到他人的潜意识中，从而影响他人。

总之，创业者在挑选合伙人时，一定要观察他是不是一个气场强大的人。因为气场强大的人能在社交中占据主导地位，从而为以后的创业工作添砖加瓦。

第 5 章

合伙人画像：优秀的合伙人是什么样的

真格基金的创始人徐小平曾强调过合伙人的重要性，他认为："合伙人的重要性超过了商业模式和行业选择，比你是否处于风口上更重要。"很多公司发展的瓶颈表现为创业团队的瓶颈，即缺少优秀的合伙人。那么创业者应如何突破这个瓶颈？如何寻找到优秀的合伙人？创业者需要创建合伙人画像，并根据合伙人画像寻找合伙人。

5.1 "1+4"潜力模型

创业者在有了创业的目标和想法后，往往会考虑寻找一些志同道合的合伙人。在寻找合伙人之前，创业者首先要思考自己想找什么样的合伙人，什么样的合伙人才能帮助自己将自己的想法变成现实。通过创建合伙人画像，创业者可以找到优秀的合伙人，这里的画像即人才标准。

著名的国际高管猎头公司亿康先达公司总结出合伙人选才标准——"1+4"潜力模型，如图 5-1 所示。

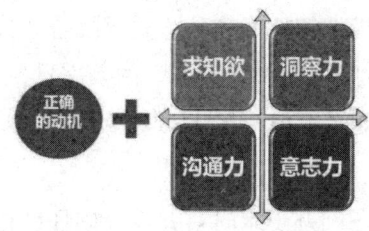

图 5-1 "1+4"潜力模型

正确的动机是指合伙人是否以强烈的责任感和极高的投入感去追求一个伟大的目标。对创业者来说，与自己目标一致，具有高度责任感和投入感的合伙人才是优秀的合伙人。正确的动机是创业者选择合伙人的关键。

求知欲是指渴望获得新体验、新知识的欲望。优秀的合伙人往往有强大的求知欲，他们会在创业的过程中不断学习，善于接纳他人的反馈，并不断改进自己。这样的合伙人有冲劲、有活力，是推动公司发展的重要力量。

洞察力是指收集并理解新知识的能力，这也是优秀的合伙人应有的一种能力。具有强大洞察力的合伙人能够根据对市场环境的分析，敏锐地发现市场机遇，从而推动公司发展。

沟通力是指善于运用感情和逻辑进行沟通，能够更好地与他人沟通或促进他人与他人的沟通的能力。沟通力强的合伙人不仅能促成公司合作，还能劝导公司员工共同进步。

意志力是指在面临挑战或受挫时，依旧能够为目标不懈努力的能力。具有强大意志力的合伙人能够在逆境中愈挫愈勇，始终向着目标而努力。

根据"1+4"潜力模型，创业者可以评估合伙人的潜力，从而确定自己的选择。

潜力比经验更能预测一个人未来的发展空间。一些创业者在选择合伙人时，往往过于关注合伙人过往的经历，而忽略对合伙人未来能力的预测。创业者面临的环境是多变的、复杂的，合伙人除了应具备必要的经验和能力，还要不断成长。因此，除了考察以往的因素，创业者还需要评估合伙人未来的潜力。找到同时具备经验和能力的优秀合伙人是比较困难的，如果创业者从潜力角度出发，就更容易找到具有合伙人潜质的人才。

5.2 按画像找人：清单式预评估法

创业者难以通过大规模地筛选人才的方式寻找合伙人。面对茫茫人海，通过"五同关系网"，即同学、同事、同志、同行、同乡来寻找合伙人是快速而有效的。创业者不妨列出基于"五同关系网"的人员名单，对名单中的人进行一一分析，以寻找合适的合伙人。

雷军曾表示，他当初在创办小米时，并没有硬件创业的经验，难以吸引优秀的硬件工程师，因此他的做法是用 Excel 表格列了一个很长的名单，逐个寻找合伙人。

第 5 章　合伙人画像：优秀的合伙人是什么样的

创业者在找到潜在合伙人时，如何评估其是不是自己需要的合伙人？这时，创业者可以通过清单式预评估法按画像找人，列出合伙人的标准清单，按照这个标准评估潜在合伙人。

首先，创业者需要描绘出合伙人的画像，如合伙人的财务状况、工作能力、社交能力、团队合作能力等；其次，创业者要根据合伙人画像制定合伙人评估标准；最后，创业者要根据合伙人评估标准对潜在合伙人进行评估，并对其未来的发展做出预测。这种按画像找人的方式能够帮助创业者找到合适的合伙人。

由于创业者很难直观地了解潜在合伙人的价值观、潜力等，因此在对潜在合伙人进行评估时，创业者要听其言、观其行，评估其行为表现。此外，创业者还需要考察潜在合伙人的动机、背景的真实性等。

在对潜在合伙人进行评估后，创业者还需要思考以下几个问题，以做出更准确的决策。

（1）他是理想的人选吗？如果不是，那么他和理想人选有多大差距？
（2）和他共事是否存在风险？
（3）自己能从他身上学到哪些东西？
（4）他能给公司带来哪些助力？

通过思考以上问题，结合评估结果，创业者就能做出更准确的决策。

5.3　避免主观化评价

一些创业者在对合伙人进行评价时，往往十分主观，因此对合伙人形成错误的认知，从而错过优秀的合伙人，或者选择了存在某些缺陷的合伙人，为合作带来隐患。因此，创业者要避免主观化评价，而应实事求是地评价合伙人。

主观化评价主要有 3 种表现形式，如图 5-2 所示。

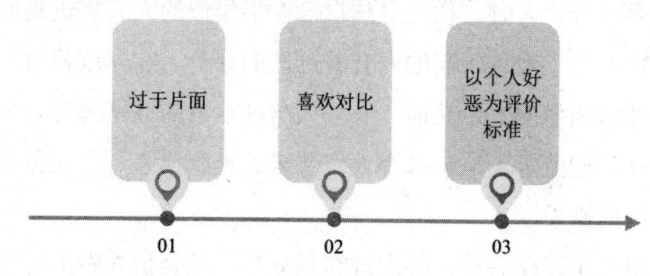

图 5-2　主观化评价的 3 种表现形式

1. 过于片面

主观化评价的一个表现就是对合伙人的评价过于片面，创业者了解到合伙人在某个方面十分优秀，就认为其在其他方面也十分优秀；或者了解到合伙人在某个方面存在缺陷，就认为其在其他方面也存在缺陷。

例如，某创业者求才若渴，当他发现某合伙人具有丰富的运营经验和较强的运营能力时，就片面地认为该合伙人在各方面的能力都很强。于是，该创业者对该合伙人委以重任，让他做公司的高层管理者。但是，该合伙人虽然擅长运营，但并不擅长对公司员工的管理。在管理员工时，他总以为自己的决定都是正确的，不愿意听取员工的反馈，也不会调节与员工的关系，导致员工的流失率较高，影响了公司的发展。

因此，创业者要避免片面地评价合伙人，要对其进行全面、客观的评价，这样在合作时才能扬长避短，发挥合伙人的优势。

2. 喜欢对比

创业者在评价合伙人时，往往会将不同的合伙人进行对比。适度的对比是可以的，可以帮助创业者做出更好的选择，但在进行对比时，创业者更要了解自己的需求，选择最适合自己的合伙人。

有些创业者盲目地选择各方面十分优秀的合伙人，用更多的利益吸引其加入，但可能公司本身并没有这个需求。这往往会让创业者付出不必要的代价。因为公司的业务、财力水平有限，所以创业者需要根据自己的实际情况，挑选最适合自己的合伙人。

3. 以个人好恶为评价标准

创业者在寻求合伙人时，往往对与自己性格相似的人有着过高的评价，而对那些与自己性格不合、观点不同的人有着过低的评价。在做选择时，创业者往往会选择与自己性格相似的人。然而，有些人与创业者的性格迥异，但拥有较强的工作能力。因此，创业者不应该以个人好恶来选择合伙人，而应分析合伙人的能力是否符合公司的需求。

创业者应避免主观化评价，要通过客观分析，对合伙人做出综合考量。

5.4 快速融入团队，沟通成本低

良好的沟通是公司快速发展的前提，只有保持良好的沟通，才能及时、有效地解决公司发展过程中的各种问题，推动公司发展。因此，在寻找合伙人时，创业者要考察其沟通能力，分析其能否快速融入团队。

沟通能力强的合伙人能够快速融入团队，降低团队的沟通成本。这样的合伙人具有以下特征。

首先，他们懂得主动沟通。当有了一些好的想法或者对公司的发展产生异议时，他们会主动和创业者及团队成员沟通，保证沟通的及时性和有效性，降低沟通的成本。他们往往会为了提升决策效率和效果，把阻碍公司前进的各种绊脚石踢走。

其次，他们能够耐心接纳他人的反馈，并不断学习和改进。沟通能力不仅体现在主动沟通方面，还体现在对他人意见的态度方面。优秀的合伙人善于倾听他人的意见，勇于承认自己的错误，并能够在他人的反馈中反思和成长。这也能降低团队的沟通成本。

最后，他们对合伙创业有充足而深刻的认知，当公司发展出现问题时，他们不会选择抱怨，而是会思考解决问题的办法。他们会为了合作的初衷，做出正确的决策，哪怕牺牲自己的个人利益。

创业者需要按照以上 3 个特征寻找合伙人，以便找到最合适的、沟通成本低的合伙人。与这样的合伙人合作，创业成功的概率会增大。

5.5 彼此给予的支持要对等

创业者与合伙人给予彼此的支持要对等，只有这样，才能使合作的基础更加稳固。否则，即使创业者与合伙人能够同甘共苦，但在获得一定的成就后，也会因为利益分配不均而引发矛盾。这对创业者来说是致命的打击。

创业者与合伙人给予彼此的支持对等，体现在股权和权力的分配上。支持对等不是说股权要平均分配，而是要根据合伙人的贡献比例，设计出最合适的股权分配方案。

整体来看，创业者对股权及权力的分配要遵循以下原则。

1. 股权不能平均分配

很多创业者在寻找合伙人时，总是平均分配股份。这种做法会为公司以后的发展埋下诸多隐患。

因此，创业者在分配股权时，一定要保证股权的可调配性，按照个人的贡献，根据工作时间、投入的现金和技术等估算每个合伙人的投入价值，合理分配股权。例如，有的合伙人提供资金，有的合伙人提供场地，有的合伙人提供技术，这样看来，每个人的贡献的性质不同，似乎无法等价对比。在这种情况下，创业者需要依据当时的市场情况，估算并确定每个人的贡献值，按贡献比例分配股权。公平地进行股权分配，团队才能更稳定、更团结。

2. 创业者要保证自己的控制权

创业者在寻找合伙人时，对方往往会考察创业者是否有足够的能力、是否有决策的魄力。如果创业者具备这样的魄力，合伙人就会被其说服，从而心悦诚服地选择加入，跟随其创业。

此外，合伙人选择加入公司，还因为其认为创业者制定的发展模式能够取得成功，并且创业者有能力带领大家走向成功。因此，为了保证公司能够按照计划发展并走向成功，创业者在进行股权分配时一定要确保自己的控制权。

第 6 章

股权设计：会分钱的公司才能活得长久

股份分配直接关系到公司股东的利益，因此在股份分配上，创业者和投资者绝对不可以掉以轻心。股份分配包括股权分配和经营权分配。如果股份分配不当，就极有可能造成公司股东之间产生矛盾，进而影响公司的发展。因此，对合伙创立的公司来说，在注册公司之前，合伙人或股东应该确定好股份分配原则，以免在公司的后期运营中产生纠纷。至于公司股份究竟该如何分配，就是本章要讲述的重点内容。

6.1 按出资比例、技术贡献划分

某部影片讲述了 3 位大学同学合伙创业的故事。尽管创业过程步履维艰，但这 3 位合伙人还是克服了重重困难。然而，在创业成功之后，3 位创始人却逐渐貌合神离，甚至产生了矛盾。

在现实生活中，有很多合伙人在创业初期不畏艰辛、不分彼此，但是在创业成功之后，往往因为利益分配不均等问题产生矛盾，甚至闹上法庭。最终，曾经最好的朋友、同甘共苦的创业伙伴变成了陌路人，甚至敌人。

北京有一家知名的小吃店，它采用的是线上与线下相结合的营销方式。这种营销方式，加上极具情怀的产品名字，让这家小吃店一夜爆红。

据小吃店的创业者透露，他们的店铺开业不到一周，就有投资机构主动找来，还答应给予他们 4000 万元的投资。然而，就在大家都非常看好这家小吃店时，该小吃店被爆出了创业团队成员不和睦的消息。后来，创业团队中的一名成员被踢出团队。

被踢出团队的创业者并没有气馁,而是继续之前的思维和模式单枪匹马地经营小吃店。由于这位创业者依然沿用之前的品牌名称及运营模式,因此在他盈利之后,其他合伙人要求从中分红。由于分红方案没有得到其他人的同意,最后这几位创业者将这件事闹上了法庭。

可见,创业者即使与好友一起创业,也应该制定明确的规则来约束彼此。尤其对公司经营来说,规则更是十分重要。否则,如果人们都按照自己的喜好和意愿办事,就难以达成共识,而最终的结果极有可能是合伙人闹上法庭,或者公司解体。相反,如果公司在创立之初就制定了明确的规则,那么不论公司运营到什么程度,盈利也好,亏损也罢,都严格按照规则来处理公司事务,就不会引发矛盾。

因此,创业者要想让公司始终如一地保持良好的发展态势,避免合伙人之间产生纠纷,一定要事先制定股份分配规则。制定股份分配规则的依据通常是出多少力,占多少股份。

资金是创立与维持公司顺利运营的关键要素之一。公司缺乏资金,犹如人缺少血液一样,是很难生存的。事实上,合伙人是带着一定的资金加入创业团队的,这里的资金可能是现金,也可能是固定资产(如机器、办公场地)、无形资产(如技术团队、产品专利)等。

在一般情况下,公司是按出资额来分配股份的,主要有 4 个原因,如图 6-1 所示。

01 符合《公司法》的规定
02 具有公平性
03 能提高出资者的积极性
04 大多数公司的通用做法

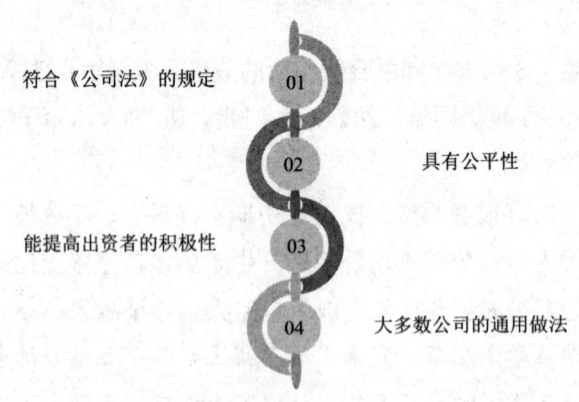

图 6-1 按出资额分配股份的 4 个原因

1. 符合《公司法》的规定

《公司法》规定,有限责任公司的股东以其认缴出资额为限对公司承担责任;

股份有限公司的股东以其认购的股份为限对公司承担责任。可见，不论是哪一类公司，其股东对公司承担责任的依据都是股东在公司中所占有的股份。而股东占有股份的多少，又是依据股东的出资额而定的。由此看来，按出资额分配股份是合理的，而且具有法律依据。

2. 具有公平性

如果没有明确的股份分配规则，就极易造成在经营过程中股东之间互相推诿、扯皮的现象。同样，如果股份分配规则缺乏可行的依据，那么股份分配规则也不会得到大家的认可。而以出多少资、占多少股的方式进行股份分配是非常公平的，也很容易得到大家的认可。

首先，资金是公司运营与发展的一个重要前提，如果没有资金，公司就不可能生存下来。其次，技术同样可以通过估价的形式入股公司，这样技术就被转化为资金。因此，以出资额来分配股份，其适用范围非常广，极具公平性。如果不以出资额为股份分配的依据，而是以平均分配的方式分配股份，那么投资者很可能不愿意拿出尽可能多的资金来创立公司和支持公司的发展，而且这对那些为公司付出更多努力的人来说不公平，很容易为公司留下祸患。

3. 能提高出资者的积极性

众所周知，占有公司股份越多的人，对公司的决定权就越大。在这种情况下，一个人要想获得对公司更大的决定权，就需要尽可能多地拿出资金来创立公司。也就是说，按照出资额分配股份能够调动出资者的积极性。相反，如果每个人都获得相同的股份，每个人都处于平等的位置，那么即使某个合伙人有充足的资金，在公司急需用钱的情况下，他也不会主动拿出资金。

4. 大多数公司的通用做法

目前，大多数公司的股份分配都是以出资额为依据的。众多公司的实践也证明了这种分配方式是切实可行的。因此，创业者在没有找到更好、更合适的分配依据之前，可以按出资额分配股份。

6.2 资本股与运营股分别计算

山西省阳高县是著名的杏乡。这里产的杏不仅个头大，味道还很香甜。但是，杏是一种不耐收的水果，熟透了的杏如果不能及时销售出去，很快就会腐烂。杏的产量很大，每年都有很多杏因没有及时销售出去而烂在了枝头。

萧某是阳高中学的一名教师，他的父母是杏农。看着自己的父母因烂杏而愁眉不展，萧某的心里很不是滋味。于是，萧某找到了自己的朋友赵某。赵某虽然与萧某同龄，但已经在商界打拼出了一片属于自己的天地。萧某找赵某的目的是想与他合伙创办一个杏脯加工厂，想通过将杏加工成杏脯的方式，帮助杏农减少烂杏造成的损失。赵某听了萧某的想法，迅速表示同意，并拿出80万元作为启动资金。

萧某带着这80万元高高兴兴地回到家中，立即着手杏脯加工厂的筹建工作。一年后，阳高县又迎来了杏的丰收季节。萧某聘请了一批工人，把杏农没能及时销售出去的杏都买了回来，并进行加工。萧某的这一举动不仅得到了乡亲们的支持和赞赏，还让他大赚了一笔。

5年之后，萧某的杏脯加工厂的规模越来越大，盈利越来越多。这时，赵某找到萧某，表示要与他一起分享盈利所得。萧某当即表示，可以将赵某当初投资的80万元还给他，但是不可能与他一起分享盈利所得。萧某说："虽然你拿出了80万元的启动资金，但之后工厂的筹建和运营都是由我来完成的，所以工厂的盈利与你无关。"

赵某听了这话非常不高兴，他说："若没有这80万元的启动资金，你如何筹建工厂？如何实现盈利？我出全资，我就是这个工厂最大的股东，自然有权分享盈利所得。"后来，两个人由于没能就分红一事达成共识，最终闹上了法庭。

的确，很多公司都采取出资方与运营方分离的经营模式。因为有的人由于先天或后天的原因，拥有雄厚的财力，而有的人有非常好的想法和创意，但唯独缺乏启动资金。如果将二者结合在一起，就变成了完美的组合。事实上，这样完美的组合有很多。但是，有些组合经营成功了，有些组合却不欢而散。

为什么会出现这样的情况呢？因为这其中涉及两种股份，即资本股与运营股。所谓资本股，是指出资方持有的股份；而运营股是指实际运营者持有的股份。这两种股份本应该被分别对待，但在实际操作的过程中，出资方和运营方并没有就此达成共识，或者说，双方根本就没有考虑过此事。

针对出资方与运营方并非同一人这种情况，我们需要将这两种股份清晰地划分开来。这不仅涉及管理方面的问题，还涉及后期分红的问题。那么，究竟如何分配这两种股份呢？显然，这个时候再按照出资额来分配股份就显得十分不合理了。

6.3 分离股权与经营权

在公司范畴中，股权就是所有权。也就是说，拥有公司股权的人，就是公司的所有者，需要承担为公司偿还债务的义务。经营权是指对公司资金进行管理的权利，拥有公司股权的人一定拥有公司经营权，但反过来不一定成立，即拥有公司经营权的人不一定拥有公司股权。

事实上，股权与经营权的分离是现代公司发展的必然趋势。而且，一大批具有较高专业素养的职业经理人的出现，更是为这两种权利的分离提供了前提条件。具体来说，股权与经营权分离的依据如图 6-2 所示。

由公司运营的本质决定　01

02　运营过程演变的需要

由市场的发展规律决定　03

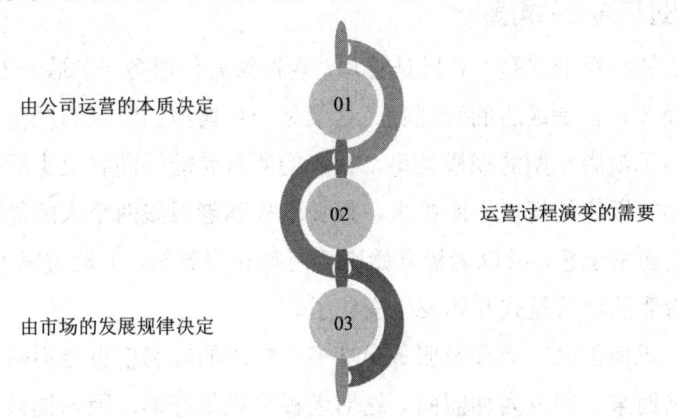

图 6-2　股权与经营权分离的依据

1．由公司运营的本质决定

公司运营的本质是资源整合的过程。不论是大型公司，还是个体户，公司运营的本质都是通过对社会中已有的各种资源进行加工和整合，从而形成新的社会资源的过程。这个过程主要涉及 3 个方面的因素，即初始资源、加工技术和管理能力。

（1）初始资源。

初始资源主要包括启动资金和好的想法、创意。股权所有者能保证提供充足的资金，但是对于好的想法、创意，他们是无法保证的。

（2）加工技术。

公司的实际运营远不像出资那样简单,它需要独到的技术和较强的管理能力。技术是一个公司的核心竞争力之一，一般大型公司都拥有较多的专利技术，这也是它们能在行业中立于不败之地的核心武器。

（3）管理能力。

一个完整的公司不可能只由一个人组成。既然是一个团队，就需要管理，否则就难以提高团队的战斗力。

如果股权所有者同时具备以上能力，问题就变得简单了，所有的难题也都迎刃而解了。但如果情况刚好相反，那么将公司的经营权交到股权所有者手中，无疑是在拿公司的发展前景开玩笑。因此，为了公司的长足发展，有必要将股权与经营权分离。

2. 运营过程演变的需要

小型饭店的经营形式是"老板是厨师，老板娘兼任服务员和收银员"。换句话说，饭店的经营者也是饭店的管理者。这就是一种典型的股权与经营权相结合的运营方式。由于饭店早期的规模较小，饭店的所有者能够同时负责后厨及管理工作。但是，随着饭店的规模不断扩大，仅凭老板和老板娘两个人的能力，已经无法保证饭店的正常运营，所以老板开始聘请厨师和服务员。于是出现了雇佣关系，这也意味着饭店的运营模式开始发生变化了。

由于饭店规模扩大、厨师及服务员增多，饭店的知名度也会不断提升。这时就会有人慕名而来，想成为加盟商。这对老板来说是好事，因为他只需签署一份授权书，就能让自己的店铺开到全国各地，还能收取加盟费。不过，为了维护自己的品牌形象，老板需要对加盟店进行管理。

但是，老板只是一个厨师，他并不懂得如何开展管理工作。怎么办呢？这时管理人员就能发挥作用了。因此，老板继续通过聘请的形式，让管理人员帮助自己管理加盟店。

事实上，管理人员在这个过程中发挥了很大的作用，而且是老板无法起到的作用。在这种情况下，如果老板只是以支付工资的形式来为管理人员提供报酬，那么显然不能调动管理人员的工作热情，所以很多老板会给管理人员分配一部分股权。除此之外，由于老板是饭店的所有者，有着绝对的决定权，因此管理人员在开展管理工作的过程中，极有可能受到老板的限制，这时就有必要将股权与经营权分离。

3. 由市场的发展规律决定

从上述案例中可以看到，市场的发展规律就是分工不断细化、专业化。只有让分工更细化，才更有可能将不同的资源整合起来，以便对公司的发展起到更大的推动作用。而在分工细化的情况下，必然会出现多方权利的制衡问题。为了让细分后的各方都能在各自的领域内大显身手，就有必要分离股权与经营权。

股权与经营权分离的目的是促进公司更好地发展。如果在分离这两种权利后，并不能达到预期的目标，分离工作就毫无意义了。因此，为了保证股权与经营权分离后的效果，就需要建立健全的法人治理结构，如此就产生了"委托-代理"关系。

尽管股权所有者与公司实际运营者之间存在"委托-代理"关系，但由于经营者与股东财富最大化的利益存在不一致之处，因此导致矛盾产生。例如，经营者提出了收购计划，如果股东予以反对，经营者就无法执行。股东反对的原因是股东担心经营者蓄意压低股价，从而导致股东的利益受损。

但是，如果建立了完善的配套体系及健全的监督机制，股东就不用担心经营者会以权谋私，从长远来看，也能促进公司的运营和发展，由此也说明了建立配套体系的重要性。另外，为了保证公司能顺利运营，股权与经营权的分离，以及与之相关的监督机制的建设需要同时进行。

6.4 设立员工股权池

一个强大的公司必定有一个战斗力强大的团队，光杆司令是不可能打下天下的。如今，公司之间的竞争更多的是软实力的竞争，即员工与员工之间智慧的竞争。哪个公司拥有更多的精英员工，就意味着哪个公司的软实力更强，它就更有可能在激烈的竞争中取胜。

如今，我国的公司数量已经多到让人瞠目结舌的地步。这就意味着员工有更多的选择机会，尤其是精英员工。那么，如何让员工心甘情愿地选择你的公司，并且长久地留在你的公司呢？显然，你需要一套完善的员工激励机制，而设立员工股权池就是一种行之有效的激励方式。

所谓员工股权池，是指为了保证公司的长足发展，以员工的不同职务、不同工龄、不同贡献为标准，将公司的股份分发给员工。这样做的意义有两个方面：一方面是为了吸引更多的精英员工加入；另一方面则是为了提高员工的工作热情，提高员工的稳定性。

一般来说，一个公司给员工的股权池占公司股份的20%左右。这是目前大多数公司的一致做法，也受到了很多管理者的认可。但实际上，这并不是一个法律规定的标准。至于具体的标准，管理者可以根据公司的实际运营情况，以及预期的员工数量来设定。从目前已有的案例来看，10%～25%的标准都曾出现过。

在通常情况下，员工股权池分配有3个标准，如图6-3所示。

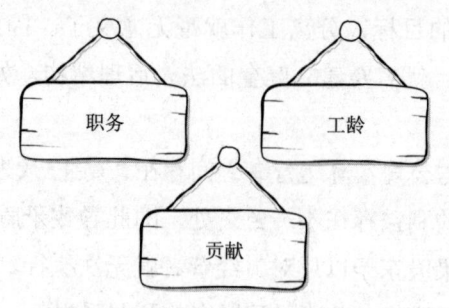

图6-3 员工股权池分配的3个标准

1. 职务

在一个公司中，职务越高的人，所承担的责任和风险就越大，理应分到更多的股权。否则，如果所有员工都按照同样的标准分配股权，这种股权分配方式就难以起到激励作用了。而且，按照职务高低进行股权分配，也是比较容易做到的。

2. 工龄

以员工的工龄为依据分配股权，也是目前较为常见的股权分配方式。工龄是指员工在公司中工作的时间长度。在公司中工作的时间越长，就意味着工龄越长，这样的员工理应分配到更多的股权。其原因可以从3个方面来探讨。

第一，工龄越长的员工，对公司的业务越熟悉，因此他们的工作效率就越高，给公司带来的价值也越大。还有一些员工是在公司创立之初就在公司工作的，是他们的付出让公司走向了发展之道。为了留住这些员工，公司有必要给他们分配更多的股权。

第二，工龄越长的员工，对公司有较强的认同感。对一个公司来说，这样的员工自然是不可多得的。因此，为了加强他们的归属感，让他们更好地为公司服务，公司更要给他们分配更多的股权。

第三，这种做法能起到激励作用。因为工龄越长，能分配到的股权就越多。而员工为了获得更多的股权，就不会轻易离职，这有利于公司人员的稳定。

3. 贡献

按照员工的贡献分配股权，可以说是对前两种股权分配方式的补充。因为尽管职务越高的人为公司做出较大贡献的可能性越大，但是这并不意味着职务较低的员工一定不会为公司做出较大的贡献。因此，如果没有这种股权分配方式，职务较低的员工就不可能有较高的工作积极性。

同样的道理，工龄不长的员工也有可能为公司做出较大的贡献。如果仅仅只有前两种股权分配方式，那么那些职位较低、工龄较短的员工的工作积极性及创造力就很难得到充分发挥。任何一个公司都不可避免地会有一些新员工。在这种情况下，按照员工的贡献分配股权就显得十分必要了。

设立员工股权池是为了提高员工的稳定性及工作热情。尽管如此，如果员工不接受这种股权分配方式，选择离开公司，那么公司的管理者也只能选择批准。可能有人会说："如果给员工分配了股权，但是员工离职了，就会给公司造成一定的损失。"事实上，这种说法是不正确的。

因为股权池不是股份池，二者之间存在着一定的差异。股权不等于股份，它是指员工在一定时期内，可以以行使价买入股票。行使价的设定由董事会决定，通常低于市价很多。因此，这是一种公司给予员工的福利，是为了鼓励员工更好地工作。为了保证员工的稳定性，公司在设立员工股权池时，还需要规定股权的授予期限及生效期限。

目前，较为常见的是 4 年的授予期限，而生效期限一般为 1 年。这就意味着，在 4 年以后，公司将会开始新一轮股权分配。如果员工离职，股权就会失效。如果员工坚守岗位，那么在 4 年之后，从工龄上来说，员工能分配到更多的股权。另外，股权生效期限的制定也是同样的道理。可以说，这种方式既能提高员工的稳定性，又能避免给公司造成损失。

除此之外，在一般情况下，公司在设立员工股权池时还会制定股权失效期限。这是针对在股权授予期内离职的员工而言的。也就是说，公司对于离职的员工，会给他们在使用股权上设定一个时间限制，通常是 3 个月，如果员工在离职后的 3 个月内没有及时使用股权，股权就会自动失效，之前他们所拥有的股权也不再得到公司的认可。

综上所述，若按照以上方式和原则来分配股权，则对公司来说，既能减少人员的流失，又不会给公司造成损失。因此，这是一种科学的、值得借鉴的股权分配方式。

6.5 明确责任分工，不越权、不争权

对公司的股份进行分配之后，还需要进一步明确股份的责任。例如，规定占有股份的人负责公司的管理事宜，而且这些人对公司的重大事项拥有表决权，占有股份越多的人，其拥有的表决权就越大，当然，与此同时，他们对公司所负的责任就越大。简单来说，股权分配还会涉及责任分工的问题。

对创业者来说，注册一个公司只是意味着向创业之路迈出了一小步，之后的运营工作才是重点和难点。公司在运营过程中不可避免地会涉及管理及责任分工的问题。如果创业者不能有效地处理好这些问题，公司的运营就难以顺利进行。

因为公司的各项业务都需要有人来完成，所以公司在成立后要做的第一件事情便是招聘。只有招聘到优秀的员工，才能确保公司的各项业务被保质保量地完成。否则，即使公司接到了业务，没有员工来做，或者无法按时完成，公司也无法盈利。在这个过程中，招聘工作究竟应该由谁负责呢？

很多人认为，招聘工作理应由人力资源部门负责，但新成立的公司，人力资源部门尚未建立，或者还没有必要建立人力资源部门。因此，这时招聘工作就要由公司的股东来承担。但是，公司要做的远远不止招聘这一项工作。因此，公司需要按照股东所持公司股份的比例，为其分配相应的工作，使其承担相应的责任。

目前，最常见的责任分工是按照股东所持股份的性质及比例进行分配。假如3个人共同出资成立了一个公司，其中一个人出资100万元，其余两个人各出资20万元。显然，公司在分配营业利润时，出资100万元的人会分得更多的利润。基于这种情况，出资100万元的人对公司的管理会更加负责，因为他的管理效果会直接影响自己的收益情况。

因此，按照股东所持股份的比例来分配工作，是一种可行的方法。这种方法既能起到有效管理公司的作用，又具有公平性和说服力。

第 7 章

退出机制：如何体面地"散伙"

对一个公司来说，有的员工在工作一段时间之后，可能选择离职，而公司的合伙人或者投资人也是一样，他们在合作一段时间之后，可能选择终止合伙关系，或者退出投资人的角色。那么，对于这种情况，创业者应该如何处理呢？

如果合伙人和投资人选择不再参与公司的运营，那么公司是否还要继续运营？是否还能继续发展？答案是肯定的，公司不会因为合伙人或投资人的退出而停止发展。为了给合伙人和投资人自由选择的机会，也为了保证公司的正常运营，创业者在融资前有必要制定一套完善的退出机制。用条款化的合同和明确的规则来保证合伙人和投资人的权益，以及公司的顺利发展。

7.1 公司的盈利情况良好时的退出方案

"我与 3 个朋友合伙创业，共同出资开了一家主题餐厅。然而，在合伙创业不到一年的时间里，就有两个合伙人提出要退出合作。我们 4 个合伙人都是餐厅的出资人，在餐厅开设之初，就以各自的出资额为依据进行了股份分配。因为这两个合伙人的出资额较多，所以他们在这家餐厅中占有较大比例的股份。现在，他们不但提出要终止合伙关系，还要撤出资金，并按照所持股份分走餐厅的营业利润。如果我答应他们的要求，餐厅就无法维持正常经营了。"

以上是一位创业者在一个法律咨询平台讲述的故事。事实上，在现实生活中有不少创业者都遇到过类似的问题。性格因素、利润分配制度及其他因素，都有可能导致合伙人退出合作。但是，公司不能因为某些合伙人的退出就停止运营，因为这对另外一些全心全意为公司发展而努力的合伙人来说是不公平的。

在上述案例中，如果那位创业者按照退出者的要求去做，那么无疑会给餐厅带来致命的打击。如果不按照退出者的要求去做，那么他该如何处理退出者的资金和股份问题呢？退出方案的制定是否有法律依据可寻呢？

公司经营的每个环节都应该在法律、法规所允许的范围内进行，合伙人的退出也不例外。《中华人民共和国合伙企业法》（以下简称《合伙企业法》）第四十五条规定，合伙协议约定合伙期限的，在合伙企业存续期间，有下列情形之一的，合伙人可以退伙：①合伙协议约定的退伙事由出现；②经全体合伙人一致同意；③发生合伙人难以继续参加合伙的事由；④其他合伙人严重违反合伙约定的义务。

可见，合伙人的退出是有法律保障的。但是，法律也明确规定了合伙人退出的条件。因此，不论是合伙人的退出，还是未退出的合伙人的权益，都是受法律保护的。也就是说，对于退出者的不合理要求，未退出者有权说"不"。为了在退出时，合伙人能够有据可依，创业团队在合伙创业前有必要制定一个完善的合伙人退出机制。

一般来说，合伙人退出的情况有以下4种。

（1）在公司的盈利情况良好时提出退出。

（2）在公司严重亏损时提出退出。

（3）撤全资退出。

（4）另起炉灶。

关于以上4种情况的处理方式，本章都会详细讲解。本节主要讲述在公司的盈利情况良好时，如何处理合伙人退出的问题。

在公司的盈利情况良好时，公司处于上升期，这时公司的正常运营需要较多的资金，与此同时，公司的盈利也会较多。如果这时有合伙人提出退出，并要求带走股份及按股份分享公司的利润，就会给公司的资金带来巨大的压力，影响公司的发展。为了应对这种情况，创业团队最好在合伙创立公司之初就制定退出机制。制定退出机制的4个要点如图7-1所示。

1. 设置限制性股权

为了应对合伙人中途退出的问题，创业团队在创立公司之初就应该设置限制性股权。限制性股权属于股权，但它有权利限制。例如，股权的有效期限与股权拥有者的服务期限相对应，合伙人需要在一定期限以后，才能提出退出，这个期限一般为 3 年。对一个公司来说，经过 3 年的发展，基本可以稳定下来。这时即便有合伙人提出退出，也不会对公司的发展造成太大的影响。

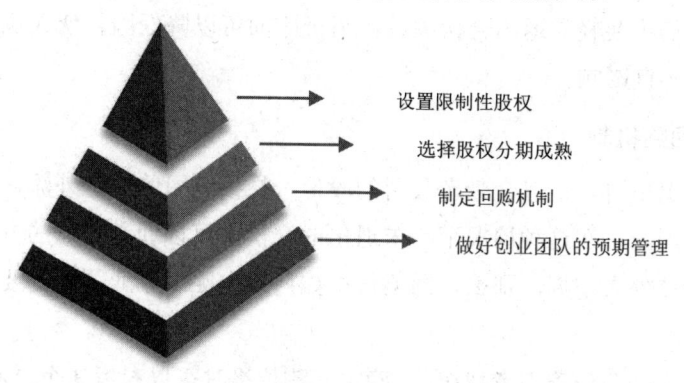

图 7-1 制定退出机制的 4 个要点

当然，在实际制定退出机制时，合伙人可以共同商量股权期限，可以以 3 年为期，也可以更短或者更长。为了减少因合伙人的退出而给公司的发展造成的影响，创业团队可以把股权期限设置得长一些。总之，这个时间期限要以公司内部人员的意愿为前提。

2. 选择股权分期成熟

股权分期成熟也是退出机制的一个重要组成部分，是指创业团队在公司创立之初按照一定的标准（如出资额或技术等条件）给合伙人分配股份。但是，这些股份只是名义上的，并没有生效。在经过一定期限后，这些股份才会真正起作用。有了这个条件，即使有合伙人在公司的盈利情况良好时提出退出，也不会对公司造成影响。这也是一种规避因合伙人退出而影响公司发展的做法。在通常情况下，股权分期成熟有以下 4 种模式。

（1）与 4 年服务期限挂钩，每年兑现 25%。

（2）服务时间满两年，则股权成熟 50%；满 3 年，股权再成熟 25%，即股权成熟 75%；满 4 年，所有股权成熟。

（3）第一年成熟 10% 的股权，第二年成熟 20% 的股权，第三年成熟 30% 的股权，第四年成熟 40% 的股权，以此类推。这样有助于鼓励合伙人达成长期合伙关系。

（4）第一年成熟 20% 的股权，剩余股权在 3 年内每月兑现 1/36。

股权分期成熟的模式大致有以上 4 种，创业团队在制定退出机制时，可以根据实际情况对上述模式进行选择和修改。股权分期成熟，一方面可以增强合伙人的黏性，让他们不要轻易退出合伙关系；另一方面可以降低因合伙人执意退出而给公司带来的不良影响。

3. 制定回购机制

合伙人在退出时，一般会带走公司的股份，导致公司的股份外流，这显然是不利于公司发展的。在这种情况下，未退出的合伙人可以通过回购的方式来确保公司的股份不被外人掌握。那么，回购价格如何确定呢？创业团队需要提前建立回购机制。

专业且资深的股份管理者建议，在确定回购价格时可以参考 3 个方面的因素：第一，参照股东购买价格的一定溢价；第二，参照合伙人退出时公司的净资产；第三，参照最近融资估值的折扣价。其中，第二个因素主要适用于重资产公司，第三个因素主要适用于轻资产公司。

4. 做好创业团队的预期管理

尽管制定退出机制很有必要，但是创业者在合伙之前就与合伙人谈退出的问题，从情感上来说，会给合伙人带来不良的影响，可能让合伙人感觉创业者不是真心实意地参与合伙。为了避免发生这种尴尬的情况，做好创业团队的预期管理是十分必要的。

首先，在股权分配及涉及公司发展的预期问题上，所有合伙人应该一起讨论，达成理念上的共识。然后，在这个基础之上，所有合伙人将其达成的共识落实为书面的规则。

在有了这些前提条件后，即使有合伙人在公司的盈利情况良好时提出退出，也不至于给公司带来致命的打击。可以说，这是成熟的创业者，尤其是在合伙创业的情况下，应该考虑到的问题。

7.2　公司严重亏损时的退出方案

在公司严重亏损时，有合伙人提出要退出，怎么办？显然，这时正是公司面临困难的时候，合伙人若在这时退出，无疑会给公司的发展带来很严重的后果。因此，此时创业团队需要一套完善可行的退出机制来保证公司的发展。

第 7 章　退出机制：如何体面地"散伙"

彭女士是一名资深的舞蹈老师，一年前，她与两个朋友合伙开了一家舞蹈工作室。起初，3 个人各自出资 5 万元，于是，她们将舞蹈工作室的股份平均分配。由于 3 个人都是好朋友，也没有开公司的经验，因此她们只是在口头上约定了股份分配的事宜，并没有签订合伙协议，更别说制定退出机制了。

当时，她们租了一个 100 平方米的门店，一次性交付了一年的租金，共 6 万元。之后，她们又将门店装修了一番，花了 2 万元。购买道具、服装花了 1 万元。舞蹈工作室就这样成立了。舞蹈是彭女士非常热爱的事业，她将所有的精力都投入工作室的经营中。尽管如此，但由于前期宣传工作不到位，因此招生结果并不理想。

即便如此，彭女士依然带着十分高昂的热情投入招生和教学中，但是其中有一位合伙人逐渐丧失了信心，每天的工作热情不高，也不够积极。彭女士看在眼里，急在心里，因为她担心朋友会退出合伙，这样工作室的运营资金就会面临匮乏的情况。

没多久，这位朋友还是提出了退出。因为大家都是朋友，且当初没有制定退出机制，所以彭女士与另外一位合伙人只得同意这位朋友退伙。这让工作室一下子陷入资金危机之中。

在现实生活中，大多数合伙人都是朋友关系，因为大家都认为朋友是值得信赖的人。但同时，由于朋友关系的限制，很多合伙人不好意思谈论退出机制的问题，大家都感觉"谈钱伤感情"。而这些人往往就是因为死要面子，最终将辛苦创立的公司逼上了绝路。

其实，合伙人在合作之初提出看似苛刻的条件，才是对朋友的尊重和负责。以上述案例为例，彭女士的朋友在工作室最困难的时候提出退出，虽然彭女士与另一位合伙人同意了，但是彭女士以后还会与这个人做朋友吗？这样的朋友还值得信赖吗？答案显然是否定的。相反，如果她们在创立工作室之初就制定了退出机制，即使有人提出退出，也不会对工作室造成致命的打击。

在公司成立之前，创业团队将以后可能遇到的不良情况、不利发展因素等统统提出来，并制定相应的应对措施，才能保证公司的长足发展。例如，合伙人在什么情况下可以退出？合伙人在退出时应该怎样分配利润？创业团队需要事先谈好这些内容，并将其列入合伙协议中，以免以后发生不必要的纠纷。

在公司运营过程中，没有人敢保证公司的运营情况会一直处于良好状态，所以创业团队在制定退出机制时要考虑 3 项主要内容，如图 7-2 所示。

- 合伙人可以退出，但不能带走股份
- 规定资金占股与参与占股分离
- 违反规定必须赔偿高额违约金

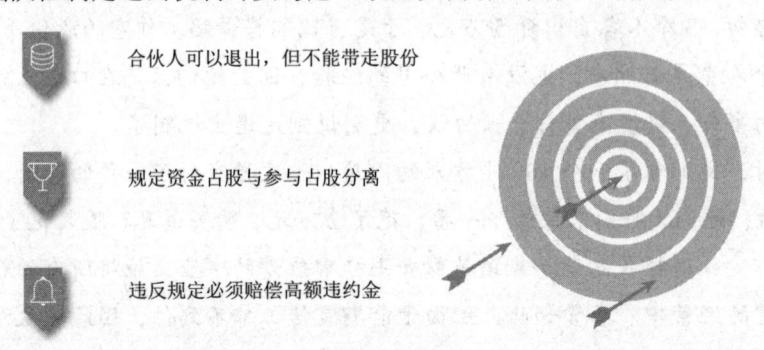

图 7-2　创业团队在制定退出机制时要考虑的 3 项主要内容

1. 合伙人可以退出，但不能带走股份

为了公司的发展，创业团队需约定，合伙人可以退出，但不能带走股份，尤其是在公司亏损时。因为此时正是公司发展的下行期，公司面临着较大的风险。

2. 规定资金占股与参与占股分离

大多数合伙人创立公司都采用这样一种模式，即在公司创立初期按出资额分配股份。这种分配方式在创业初期是比较适用的，但是随着公司的发展，这种股份分配方式的弊端就逐渐暴露出来。因为公司的运营不仅需要依靠资金，还需要依靠人力，所以这种股份分配方式在后期会让合伙人产生不平衡感。

为了避免合伙人产生不平衡感，也为了避免给公司的发展带来不利的影响，创业团队有必要规定资金占股与参与占股分离。当然，在实际分配的过程中，创业团队还可以根据其他具体情况来制定分配标准。总之，将二者分离，既能保证公平性，又能调动合伙人的工作热情。

3. 违反规定必须赔偿高额违约金

为了让合伙人不轻易退出，创业团队有必要事先制定有关违约金的规定。而且违约金的数目越大，合伙人越不容易退出。当然，违约金也不能高得离谱，略高于退伙将会给公司造成的损失是最合适的，这样能起到保护其他合伙人权益的作用。

需要注意的是，退出机制应该是针对所有合伙人而制定的，而不是只针对一部分合伙人，否则它就失去了公平性，其实际意义也不会太大。因为不公平的退出机制会影响合伙人之间开诚布公地讨论问题，不利于建立团队信任感，而这些都是公司发展的重要前提。

7.3 合伙人要撤全资退出，如何处理

撤全资退出也是一种常见的退出形式。资金是维持公司运营的一个重要前提条件，如果没有足够的资金，公司就很有可能面临运营困难甚至破产的局面。如果合伙人要撤全资退出，那么创业团队可以同意他退出，但不能同意他撤全资。因为出资是自愿的，而且公司是大家一起出资创立的，不能因为一个人的撤资而影响到大家共同的事业。因此，在制定退出机制时，创业团队一定要规定撤出资金的比例。从原则上来说，撤出的资金不能超过总资金的50%。

当然，如果创业团队对此事先没有规定，就不能很好地应对撤全资退出的问题。相反，如果创业团队制定了完善的退出机制，就能较好地解决这个问题。因此，创业团队在制定退出机制时，应该对撤全资退出的情况给予严厉的惩罚。例如，如果合伙人要撤全资退出，就需要支付公司当前利润 3 倍的金额作为违约金。

另外，创业团队应不准许撤全资退出的合伙人带走公司的股份。如果合伙人提出撤全资退出的要求，那么公司会以低于市价的价格收购合伙人的股份。也就是说，只要合伙人提出撤全资退出，就意味着他会蒙受一大笔损失，这样能有效地避免合伙人轻易提出撤全资退出的要求。即使有合伙人提出撤全资退出，也不会给公司的发展带来明显的不利影响。

不可否认的是，合伙人退出是常有的事情。而且对一个公司来说，好散比好聚更重要，甚至可以说，好散才是好聚的开始。

合伙人轻易提出退出，既是对其他合伙人不负责任，又是对公司不负责任。因此，创业团队在创立公司之初就制定一套完善的退出机制是非常有必要的，尤其是对于撤全资退出的行为，更应该重点考虑并制定应对措施。

综上，创业团队既可以通过赔偿高额违约金的方式，又可以通过低价回购股份的方式来应对合伙人撤全资退出的问题。这样一来，一旦合伙人提出撤全资退出的要求，他就会遭受巨大的经济损失。因此，这两种方式能够有效地抑制合伙人提出撤全资退出的做法。

7.4　合伙人要另起炉灶，如何处理

合伙人退出的理由有很多种。其中，有一种理由是创业团队难以接受的，那就是合伙人要另起炉灶。如果创业团队不幸遇到了这种情况，那么不要沮丧，应该想方设法解决这个问题，维护自己的合法权益。

首先，创业团队可以采取劝导的方式使其回心转意。因为合伙人可能只是一时冲动，这时劝导还是能起到作用的，毕竟组建一个团队不是一件容易的事，而且合伙人中途退出会给公司运营带来麻烦。

其次，如果合伙人已经另起炉灶，在劝导已经起不到任何作用的情况下，创业团队就应该按照事先签订的合伙协议或合同来处理这件事。这也提醒广大合伙创业的创业者们，在合伙创业前一定要事先拟定合伙协议，并且尽量将合伙创业过程中可能出现的各种情况都考虑进去，同时制定相应的解决措施。

可能有人会说："合伙人一般都是好朋友，与好朋友之间签订协议，是不信任朋友的表现。"这种想法是大错特错的，如果没有事先制定相应的退出机制，那么当问题出现时，双方可能会为了维护自己的利益而闹得不可开交。因此，与其在创业后期相互扯皮，不如"先小人，后君子"。

最后，如果创业团队没有事先制定相应的应对措施，事后各方也没能达成共识，那么创业团队可以选择通过法律途径解决此事。虽然这种方式比较麻烦，但是它能起到维护创业团队利益的作用。

总之，合伙协议是保障所有合伙人合法权益的法律文书。因此，对于涉及合伙的项目，合伙人一定要签订合伙协议。

7.5　合伙人对股权回购有异议，如何处理

小李与别人合伙开了一家减肥中心。该减肥中心的合伙人一共有5个，其中一个合伙人投入70%的启动资金，占有该减肥中心65%的股份。该合伙人因为自己所占的股份比例大，而把持了该减肥中心的财政大权。虽然5个合伙人共同管理该减肥中心的各项事务，但是该减肥中心的公章及财政大权都在该合伙人手中。不仅如此，该合伙人还不把其他合伙人放在眼里，经常私自决定该减肥中心的各项事务。其他合伙人虽然对此非常不满，但不知道该如何应对。

其实，该合伙人的做法并没有法律依据。也就是说，其他合伙人完全可以

提出异议。事实上，合伙人不论占有多少股份，都有权知晓公司的经营状况，有权查看公司的盈利情况。向公司申请查看会计账簿，这是合伙人的基本权利。如果合伙人的申请遭到了拒绝，合伙人就可以请求人民法院要求公司提供资料供其查阅。

在以上案例中，该合伙人的做法属于侵犯公司财产的行为，其他合伙人完全可以搜集有关证据，并提起诉讼，保护自己的合法权益。

《合伙企业法》第二十九条规定："合伙人分别执行合伙事务的，执行事务合伙人可以对其他合伙人执行的事务提出异议。提出异议时，应当暂停该项事务的执行。如果发生争议，依照本法第三十条规定做出决定。受委托执行合伙事务的合伙人不按照合伙协议或全体合伙人的决定执行事务的，其他合伙人可以决定撤销该委托。"

从上述规定来看，当某个合伙人对其他合伙人执行事务的行为提出异议时，被异议人应立即中止对该事务的执行。如果被异议人对异议人的意见表示认同，就应按照其意见予以纠正或终止该事务的执行；如果被异议人对异议人的意见不认同，就应要求全体合伙人共同决定。全体合伙人如果认定被异议人的行为为越权行为或其他不正当行为，那么被异议人应自觉予以纠正；全体合伙人如果认定被异议人的行为为正当行为，那么被异议人应依多数合伙人的意见恢复该事务的执行，异议人即使有不同意见也应予以保留。

需要明确的是，在合伙公司中，所有合伙人的地位都是平等的。因此，其他合伙人不应该完全服从于出资较多的合伙人，当有异议时，应该及时提出来，并依法解决。对于个别合伙人坚持己见、拒绝被监督的行为，其他合伙人应积极应对。

没有人能保证在公司运营过程中，合伙人之间不会发生冲突，不会对某个事务提出截然不同的意见。在合伙创业的过程中，虽然出现异议是不可避免的情况，但是，如果处理得当，异议就不会给公司的发展造成致命的打击。

7.6　合伙协议模板

合伙协议是公司对协议/合同的订立、当事人的权利和义务关系、协议的履行等问题提供法律依据的凭证。合伙协议模板如图7-3所示。

合伙协议

合伙人:

姓名:_____, 性别:_____, 年龄:_____, 住址:_____。

(其他合伙人按上列项目顺序填写)

第一条　合伙宗旨:_____。

第二条　合伙经营项目和范围:_____。

第三条　合伙期限

合伙期限为_____年,自_____年_____月_____日起,至_____年_____月_____日止。

第四条　出资额、方式、期限

1. 合伙人_____(姓名)以_____方式出资,计人民币_____元。

(其他合伙人按顺序依次列出)

2. 本合伙出资共计人民币_____元。合伙期间各合伙人的出资为共有财产,不得随意请求分割,在合伙终止后,各合伙人的出资仍为个人所有,至时予以返还。

第五条　盈余分配与债务承担

1. 盈余分配:以_____为依据,按比例分配。

2. 债务承担:合伙债务先由合伙财产偿还,在合伙财产不足清偿时,以各合伙人的_____为据,按比例承担。

第六条　入伙、退伙、出资的转让

1. 入伙:①须承认本协议;②须经全体合伙人同意;③执行协议规定的权利和义务。

2. 退伙:①需要有正当理由方可退伙;②不得在合伙不利时退伙;③退伙须提前_____个月告知其他合伙人并经全体合伙人同意;④退伙后以退伙时的财产状况进行结算,不论以何种方式出资,均以金钱结算;⑤未经合伙人同意而自行退伙给合伙造成损失的,应进行赔偿。

3. 出资的转让:允许合伙人转让自己的出资。在转让时,其他合伙人有优先受让权,如转让合伙人以外的第三人,第三人按入伙对待,否则以退伙对待转让人。

第七条　合伙负责人及其他合伙人的权利

1. 为合伙负责人,其权利:①对外开展业务,订立合同;②对合伙事业进行日常管理;③出售合伙的产品(货物)、购进常用货物;④支付合伙债务。

2. 其他合伙人的权利:①参与合伙事业的管理;②听取合伙负责人开展业务情况的报告;③检查合伙账册及经营情况;④共同决定合伙重大事项。

第八条　禁止行为

1. 未经全体合伙人同意,禁止任何合伙人私自以合伙名义进行业务活动;如其业务获得利益,则利益归全体合伙人,如造成损失,则按实际损失赔偿。

2. 禁止合伙人经营与合伙竞争的业务。

3. 禁止合伙人再加入其他合伙。

4. 禁止合伙人与本合伙组织签订合同。

5. 如合伙人违反上述各条,应按合伙实际损失赔偿。劝阻不听者可由全体合伙人决定除名。

图 7-3　合伙协议模板

第 7 章　退出机制：如何体面地"散伙"

> 第九条　合伙的终止及终止后的事项
> 1. 合伙因以下事由之一得终止：①合伙期届满；②全体合伙人同意终止合伙关系；③合伙事业完成或不能完成；④合伙事业违反法律被撤销；⑤法院根据有关当事人请求判决解散。
> 2. 合伙终止后的事项：①即行推举清算人，并邀请中间人（或公证员）_____参与清算；②清算后如有盈余，则按收取债权、清偿债务、返还出资、按比例分配剩余财产的顺序进行，固定资产和不可分物，可作价卖给合伙人或第三人，其价款参与分配；③清算后如有亏损，不论合伙人出资多少，均先以合伙财产偿还，合伙财产不足清偿的部分，由合伙人按出资比例承担。
>
> 第十条　纠纷的解决
> 合伙人之间如发生纠纷，应共同协商，本着有利于合伙事业发展的原则予以解决。如协商不成，可以诉诸法院。
>
> 第十一条　本协议自订立并报经市场监督管理机关批准之日起生效。
>
> 第十二条　本协议如有未尽事宜，应由合伙人集体讨论补充或修改。补充和修改的内容与本协议具有同等效力。
>
> 第十三条　其他：_____。
>
> 第十四条　本协议正本一式_____份，合伙人各执一份，送_____各存一份。
>
> 合伙人：_____　　　　_____年_____月_____日
> 合伙人：_____　　　　_____年_____月_____日

图 7-3　合伙协议模板（续）

图 7-3 所示的合伙协议模板仅供合伙人参考。合伙人在签订合伙协议的具体过程中，还需要参照公司的具体情况，对合伙协议的内容做相应的调整。

第3篇

人事篇

第 8 章

人员招聘：数据化招聘，
简历收到手软

在招聘时，公司要选择合适的招聘平台，并设计好面试流程。众所周知，优秀的人才完成工作的效率会更高。因此，优秀的人才是各大公司争夺的对象。这就意味着公司在招聘的过程中要优中选优。

8.1 初试、复试流程

招聘不是简简单单地为公司招来几名员工即可，而是要针对公司的发展战略，为公司寻找能促进公司朝着更好方向发展的人才。基于这个目的，公司应该有严格的招聘流程。目前，较为常见的招聘流程包括初试、复试两个流程。

初试和复试都可以包括笔试和面试两个环节。在一般情况下，初试以笔试为主，面试为辅；而复试以笔试为辅，面试为主。所谓笔试，就是让求职者书面答题，而题目就是与求职者应聘的岗位相关的知识。所谓面试，就是公司负责人面对面地与求职者接触，通过提问的方式了解求职者对本公司和应聘岗位的看法与态度。

笔试结果可以反映求职者的基本功。在通常情况下，笔试不合格者，可以直接被淘汰。如果求职者通过了笔试，那么也只能说明求职者的基本功扎实，但是有关求职者的性格、人品及对待应聘岗位的态度，公司还需要通过面试去了解。如果求职者在面试中表现出对应聘岗位满意的态度，公司就可以安排其进行复试了。复试同样可以分为笔试和面试两大环节。但是，招聘负责人在复试中应该以面试为主。因为对求职者的专业技能，招聘负责人在初试中已经有了大致的了解，求职者的专业技能还可以在以后的工作实践中不断提升。基于这种情况，很多公司取消了复试环节中的笔试。

因为复试是最终决定是否录用求职者的环节,所以招聘负责人应该尽量深入地了解求职者,如求职者离开原就职公司的原因、应聘本公司的原因、对自己职业生涯的规划、对自我的认识、对应聘岗位的认识、对本公司的认识等。根据求职者对这些问题的回答,招聘负责人基本就能判断出求职者的综合素质。如果求职者的综合素质较高,招聘负责人就可以做出最终的录用决定;反之,招聘负责人继续面试下一位求职者即可。

有时候,招聘负责人的事务较为繁忙,没有时间亲自面试求职者。在这种情况下,招聘负责人应该制作一份面试登记表。不管是谁对求职者进行面试,只需将面试情况填写在面试登记表中,招聘负责人都能在有时间时查看。面试登记表模板如表8-1所示。

表8-1 面试登记表模板

面试登记表			
姓名		性别	
年龄		笔试成绩	
毕业学校		专业	
评分要素		参考标准	得分
举止仪表(4分)		仪表端正,装扮得体,举止有度	
专业技能(6分)		专业符合工作要求,有工作经验,有特殊技能	
对职位的渴望(6分)		对本公司做过初步了解;面试经过精心准备;面试态度认真;薪酬待遇要求理性	
综合能力(25分)	自我认知(4分)	能准判断自己的优、劣势,并针对劣势提出弥补措施	
^	沟通表达(6分)	能准确理解他人的意思;有积极主动沟通的意识和技巧;用词恰当,表达流畅,有说服力	
^	分析能力(5分)	思路清晰,富有条理;分析问题全面、透彻、客观	
^	应变能力(4分)	反应敏捷;情绪稳定;考虑问题周到	
^	执行力(6分)	能服从领导的工作安排,全力以赴地完成工作任务	
综合素质(35分)	可塑性(6分)	有较强的学习能力;能理性地接受他人的观点;对他人无成见	
^	情绪稳定性(5分)	在特殊情况下(如较大的压力、被冤枉、被指责)能保持情绪稳定,无极端言行	
^	求职动机(3分)	需要生存,自我提高,自我实现,职业规划	
^	主动性(7分)	找借口还是找方法;工作方法是否灵活、多样	
^	服从性(7分)	能服从自己不认可的领导;能服从并接受自认为不合理的处罚;能接受工作职责外的任务	
^	团队意识(7分)	过去自认为骄傲的经历中有团队合作事项;能为团队做出超出期望值的付出	

续表

职位匹配 (24分)	经历（4分）	是否经常换工作，平均每份工作的时间是否超过一年	
	性格（5分）	自信、积极乐观、心态成熟、性格与岗位要求相匹配	
	专业背景（4分）	所学是否为相关专业；有无相关工作经验	
	认识职位（5分）	了解工作内容和工作方式，能预见并接受可能遇到的困难	
	认同公司（6分）	对以前公司和老板的态度；是否认同行业和公司未来的前景；是否认同公司的文化和管理方法	
总分			
面试人员签名		日期	
复试情况			
工作能力			
工作业绩			
待遇协商			
有无特长			
综合评价			
是否录用			
面试人员签名		日期	
备注			

有了面试登记表，招聘负责人就能有效地操控招聘最重要的环节，确保为公司招聘到符合要求的高素质人才。当然，不论是初试还是复试，时间都应该控制在30分钟以内。否则，既会影响公司的面试效率，又会影响招聘人员对求职者的判断。

8.2 筛选求职者

李某在入职第一天，早早地来到公司，目的是想给公司负责人及部门经理留下一个好印象。在办理完入职手续后，人事部的一名同事送他到他应聘的部门，并将他介绍给了部门经理。部门经理热情地接待了他，并将他介绍给了部门所有的同事。李某觉得一切都那么顺利，心想这是一个好的开始。

在安排好办公座位后，部门经理开始给李某分配任务。这是一个互联网公司，其主要业务是开发体育类App。鉴于李某是新员工，部门经理给李某安排了一项相对轻松的工作——调试其他同事开发出来的App。

不过，3天已经过去了，李某还没有完成工作。这项工作对专业技术人员来说，只需要1天就能完成，而李某3天都没有完成，部门经理开始怀疑李某的工作能力。最后，由于李某不能胜任工作，还没过试用期就被辞退了。

显然，招聘负责人在面试李某时，并没有很好地了解李某的工作能力，以至于为公司招聘到了一个不符合公司要求的员工。

那么,在面试过程中,招聘负责人应该如何了解求职者的工作能力呢?要回答这一问题,招聘负责人就要先明确公司需要求职者具备哪些能力。

事实上,不同类型的公司对求职者的能力要求是不同的。例如,销售类公司需要口才较好、心理素质过硬的求职者;软件开发类公司需要具有计算机专业知识,并且动手能力较强的求职者;广告策划类公司需要具有较强的美术功底和丰富的创意的求职者;教育类公司需要有爱心、有耐心的求职者……

因此,要想了解求职者的工作能力,招聘负责人首先要对公司招聘岗位的要有清醒的认识;其次,根据公司的行业属性及招聘岗位的具体要求,列出一份详细的能力要求清单;最后,根据这份清单的内容,设计与之匹配的问题。

以广告策划类公司为例。假如有一个广告策划类公司需要招聘一名广告创意策划人员。那么,通过分析该岗位的特点,招聘负责人就可以列出该岗位需要求职者具备的技能包括美术功底、平面设计技术、创新能力、学习能力、沟通能力、应急应变能力等。

之后,招聘负责人就可以根据这些技能要求提出面试问题,具体内容如下。

(1)你所学的专业是什么?毕业于哪一所学校?有无代表作品?

(2)你看这幅图是否经过 PS 处理?如果没有,那么应该如何进行 PS 处理?

(3)你看这幅设计图的色彩搭配是否合理?如果不合理,那么应该怎样修改?

(4)如果让你为×××设计一则广告,那么你有什么想法?

(5)你所了解的广告策划行业内的最新消息或最新技能是什么?

(6)假设有一位同事临时有事,公司将他的工作转交给你,你会如何与他对接?

(7)你为客户设计的广告方案马上就到提交阶段了,但客户临时提出修改意见。遇到这种情况,你会如何处理?

通过向求职者提出以上极具针对性的问题,就可以对求职者的工作能力有大致的了解。除此之外,招聘负责人还可以留出一些时间让求职者提问。通过求职者的提问,招聘负责人也能了解求职者的性格及工作能力。因为从心理学的角度来看,求职者所提出的问题,一定是他们最为关心的问题。而求职者所关心的问题,能反映出求职者的思维特点及对公司的态度等。

8.3 如何跟求职者谈薪酬

在面试中，薪酬是一个不可避免的话题。提到薪酬，招聘负责人和求职者都会谨慎或紧张，因为双方都知道这是一个关键问题，但又不好意思说得太清楚，或者怕说得太清楚而失去回旋的空间。对招聘负责人来说，他们担心的是，当他们看上一个人才时，双方因为薪酬问题谈不拢，最后导致谈判破裂。

那么，招聘负责人在面对自己心仪的人才对薪酬有异议时，到底应该怎么办呢？在进行薪酬谈判时，招聘负责人应该掌握哪些方面的技巧呢？一般来说，薪酬谈判要达到两个目标：一是吸引与激励人才；二是保证公司内部员工薪酬的公平性。因此，招聘负责人在与求职者进行薪酬谈判时要以上述两点作为出发点，并在二者之间做好平衡。

另外，公司管理者还要注意一点，为了把优秀的人才吸引到公司，公司的薪酬水平不能低于市场平均水平，否则会把求职者吓跑。有时即使求职者和招聘负责人经过一轮的谈判，薪酬水平能接近市场平均水平，求职者也会有一种挫折感，从而对公司丧失原有的信任与信心。因此，薪酬谈判要在薪酬水平不能低于市场平均水平的前提下进行，否则只能是吃力不讨好。那么，当求职者的薪酬要求高于公司岗位的最高薪酬标准时，招聘负责人应该如何处理呢？

1. 弱化求职者的心理期望值

有的求职者对薪酬的期望值很高，面对此类求职者，招聘负责人千万不要流露出非他不可的表情，而应强调目前有很多候选人在竞争该岗位，公司正在比较与衡量，这样可以有效地减少求职者的谈判筹码。

2. 告知求职者公司的定薪原则

有的求职者认为公司的薪酬是依据他们提供的原薪酬与求职者的期望薪酬来确定的，存在很大的灵活性，所以他们在进行薪酬谈判时总是抓着自己的期望薪酬不放。这时，招聘负责人要明确告知求职者，定薪必须遵循公司的定薪原则，每个人都是一样的，没有例外。但是由于公司正处于发展阶段，专门为有能力的人提供了很多升职机会，因此如果他的工作能力强，那么他的薪酬会有阶梯式的提升。

3. 展现全面薪酬

公司的薪酬不仅包括工资，还包括福利等。在进行薪酬谈判时，招聘负责人一定要把薪酬介绍清楚，还要尽可能从多个方面阐述公司的优点，如公司未来的发展前景好、公司的品牌知名度高、工作平台好、工作环境好等，增强求职者对公司的信心。

4．特殊人才特殊对待

每个公司都需要一些人才，有些人才也是无可替代的。对于这样的人才，公司要特殊对待。在应聘中，如果招聘负责人发现一些难得的人才，他们的能力很强、经验也很丰富，这时招聘负责人提供的薪酬应相应提高，反之则适当降低。招聘负责人所设定的薪酬要能体现求职者本身的市场价值，包括其素质、能力、经验与过往业绩状况等。如果公司的薪酬标准没有弹性，那么招聘负责人可以考虑给特殊人才特批待遇。

新成立的公司的薪酬制度往往不够完善，然而公司又需要大规模招人，这时，招聘负责人怎么做才能既留住求职者又不影响薪酬谈判呢？招聘负责人可以采用一个小技巧：做一个市场调查并和领导敲定一个薪酬区间，拟订一个试用期工资，或者在与领导沟通后保证一个大概水平，并告诉求职者，公司的薪酬不会比同行业低。

8.4　如何处理求职者的期望值过高

招聘是一个双向选择的过程，看似是公司在挑选求职者，其实也是求职者在挑选公司。有些时候，即便是公司向求职者发出入职邀请，求职者也可能因为对公司给出的薪酬等方面不满意而拒绝入职。

在一般情况下，求职者在应聘时都会在简历中写出自己的期望薪酬。求职者的期望薪酬可能低于公司的预算要求，也可能高于公司的预算要求。那么，当求职者的期望薪酬高于公司的预算要求时，公司应该如何处理呢？

员工的薪酬属于公司运营成本的一部分。从控制公司运营成本的角度来看，公司应该尽量将员工的薪酬控制在预算范围之内。如果招聘负责人直接拒绝求职者的薪酬要求，就可能引起求职者的反感，进而导致招聘工作受阻。因此，恰当地处理这个问题就显得十分必要了。

刚毕业的学生由于缺乏对现实社会的认识和了解，提出的期望薪酬往往比较高。招聘负责人在面对这种情况时应该表示理解，而不应对对方进行嘲讽和打击。

第一步，招聘负责人应对求职者的要求表示理解，以便拉近自己与求职者之间的距离，给求职者留下一个良好的印象。当然，表示理解并不代表就要满足求职者的要求，这只是战略上的第一步。第二步，招聘负责人应进入反攻阶段。这时，招聘负责人应该向求职者介绍公司的薪酬制度。可能招聘负责人给出的薪酬与求职者的期望薪酬有一定的差距，为了让求职者能够接受，招聘负责人可以说，这是按照法定的工资标准及目前当地的消费水平制定的，以便让求职者认识到现实情况，而不是一直沉浸在自己的想象中。

第三步，招聘负责人应该对加薪和福利问题做出承诺。大多数公司都设有加薪制度和福利制度，然而在实际执行中却存在较大的差异。为了让求职者放心，也为了取得求职者的信任，公司应对此做出承诺，确保制度能如约履行。

在一般情况下，招聘负责人按照以上步骤，是能够处理小幅度薪酬差异问题的。如果求职者的期望薪酬远远高于公司预算，那么只能说明二者的匹配度太低，这样的求职者是留不下来的。

8.5　劳动合同模板

根据法律规定，用人单位自用工之日起就与员工建立了劳动关系，应签订劳动合同；未及时签订劳动合同的，应在用工之日起一个月内签订劳动合同。

在现代的公司管理制度中，正式的劳动合同有3个方面的作用：第一，它可以强化用人单位和劳动者双方的守法意识；第二，它可以有效地维护用人单位和劳动者双方的合法权益；第三，它有利于及时处理劳动争议，维护劳动者的合法权益。因此，不论是从公司的角度来看，还是从劳动者的角度来看，都非常有必要签订劳动合同。劳动合同模板如图8-1所示。

```
                        劳动合同
甲方（用人单位）：_____。
乙方（劳动者姓名）：_____ 联系电话：_____。
身份证号码：_____ 联系地址：_____。
根据《中华人民共和国劳动法》及有关法律、法规的规定，甲乙双方本着合法、公平、平
等、协商一致的原则，自愿订立本劳动合同。
一、工作内容
第一条　乙方同意甲方根据工作任务的需要，安排从事_____（职务）工作，乙方同意
甲方在客观情况发生变化的条件下，根据工作的需要调整或变更乙方的工作内容、工作地点。
```

图8-1　劳动合同模板

二、合同期限

第二条　甲乙双方选择以下第_____种形式确定本合同期限。

1．固定期限为_____年，合同从_____年_____月_____日起至_____年_____月_____日止，其中，约定的试用期为_____月。

2．无固定期限，合同从_____年_____月_____日起。

三、工作时间和作息休假

第三条　甲乙双方经协商确定乙方采用以下第_____种工时制。

1．实行标准工时制。本合同期间，乙方必须服从甲方正常的分配和安排。每天工作不超过8小时，每月工作不超过26天。

2．甲方经劳动行政部门批准，乙方所在岗位实行不定时工作制。

3．甲方经劳动行政部门批准，乙方所在岗位实行综合计时工作制。

第四条　甲方因生产（工作）需要，经与工会和乙方协商后可延长工作时间，除《中华人民共和国劳动法》第四十二条规定的情形外，一般每日不得超过1小时，除因特殊原因外，最长每日不得超过3小时，每月不得超过36小时，超过部分，甲方应给予乙方相应的调休补偿。

第五条　甲方在国家法定节假日期间依法安排乙方休假。

四、工资、福利待遇和社会保险

第六条　甲方按《××市工资支付规定》和有关政策以货币的形式每月支付乙方工资。甲乙双方经协商确定乙方采用以下第_____种工资计算方式。

1．月度包薪制。乙方试用期的标准工资为_____元/月；试用期满后的标准工资为_____元/月。

2．非包薪制。乙方试用期的标准工资为_____元/月；试用期满后的标准工资为_____元/月。

另外，因工作需要经甲乙双方同意加班安排的，甲方根据有关规定给予乙方相应的加班费（计算标准：平时加班为1.5倍，正常休息日加班为2倍，国家法定节假日加班为3倍）。

第七条　甲方于每月_____日向乙方支付上月工资。甲方因故不能在上述时间支付工资的，可以顺延5日。

第八条　甲方在上述工资待遇之外，另行自愿给予乙方福利待遇（包含但不限于全勤奖、福利、补贴、特殊岗位津贴、加班补贴等）。这些福利待遇不属于工资范畴，其实施和发放完全按照有关法律、法规和甲方的相关规章制度执行。

第九条　甲乙双方依法参加社会保险，按时缴纳各项社会保险费，其中依法应由乙方缴纳的部分，由甲方从乙方的工资报酬中代扣代缴。

五、劳动保护、劳动条件和职业危害防护

1．甲方应严格执行国家和地方有关劳动保护的法律、法规和规章，依法为乙方提供必要的劳动条件，制定操作规程、工作规范和劳动卫生制度及其标准，保障乙方的安全和健康。

2．甲方为乙方提供工作场所和工作所需的设备及工具，乙方应妥善维护和保管，若乙方丢失、损坏有关工具，则按使用年限折旧赔偿。

3．对乙方从事接触职业病危害作业的，甲方应按国家有关规定组织上岗前和离岗时的职业健康检查，在合同期内应定期对乙方进行职业健康检查。

4．乙方有权拒绝甲方的违章指挥，对甲方及其管理人员漠视乙方安全健康的行为，有权提出批评并向有关部门检举控告。

5．乙方必须严格遵守安全操作规程，保证安全生产；若由于乙方原因造成事故，则乙方应承担相应的责任。

图8-1　劳动合同模板（续）

第十条　甲方有权对乙方的工作业绩，以及遵守规章制度和劳动纪律的情况进行检查、督促、考核和奖励。乙方违纪造成甲方损失的，甲方有权要求赔偿，赔偿金可从乙方的工资中直接扣除。

六、劳动合同的变更

1. 任何一方要求变更本合同的有关内容，都应以书面形式通知对方。
2. 甲乙双方经协商一致，可以变更本合同，并办理变更本合同的手续。

七、劳动合同的解除

第十一条　有下列情形之一的，甲方可以随时解除劳动合同，并不支付经济补偿。

1. 乙方在试用期间内被证明不符合录用条件的。
2. 乙方违反甲方规章制度和劳动纪律，根据这些规章制度的规定可以解除劳动合同的，或者虽然这些规章制度和劳动纪律没有明确规定，但性质严重的。
3. 在本合同期间，乙方不得在其他单位兼职，不得在与甲方从事的行业相同或相近的公司及与甲方有竞争关系及其他利害关系的公司内工作。否则，甲方可以立即终止合同，并不给予任何经济补偿。而且因此造成的损失，由乙方承担。
4. 法律、法规或规章制度规定的其他情形。

第十二条　有下列情形之一的，甲方可以解除劳动合同，但是应当提前 30 日以书面形式通知乙方。

1. 甲方濒临破产进行法定整顿期间或生产经营状况发生严重困难，经劳动行政部门确认需要裁减人员的。
2. 乙方患病或非因工负伤，在医疗期满后，不能从事原工作，也不能从事由甲方另行安排的适当的工作的。
3. 乙方不能胜任工作，经过培训或者调整岗位，仍不能胜任工作的。
4. 本合同在订立时所依据的客观情况发生重大变化，致使原劳动合同无法履行，经甲乙双方协商不能就变更劳动合同达成一致协议的。

第十三条　有下列情形之一的，甲方不得依据前条的规定解除劳动合同。

1. 乙方患职业病或因工负伤并被确认丧失或者部分丧失劳动能力的。
2. 乙方患病或因工负伤，在规定的医疗期内的。
3. 乙方在怀孕期间、产假期间、哺乳期间的。
4. 法律、法规规定的其他情形。但乙方同时有第十一条所列情形之一的，不受本条限制。

第十四条　有下列情形之一的，乙方可以提前 30 日以书面形式（或在试用期内提前 3 日）通知甲方解除劳动合同。

1. 在试用期内的。
2. 甲方未按照劳动合同约定支付劳动报酬或者提供必要的劳动条件的。
3. 甲方以暴力、威胁或者非法限制人身自由的手段强迫劳动的。
4. 法律、法规规定的其他情形。

第十五条　甲方依据本合同第十二条的约定和相关法律、法规的规定，解除劳动合同需要向乙方支付经济补偿金的，应按规定的每工作一年计算一个月工资的标准支付。因法律、法规对于"一个月工资"的概念并不确定，经甲乙双方协商一致，确定为一个月的标准工资。

图 8-1　劳动合同模板（续）

第8章 人员招聘：数据化招聘，简历收到手软

八、劳动合同的终止和中止

第十六条 有下列情形之一的，劳动合同自行终止，甲方可以不向乙方支付经济补偿金。

1. 甲方因经营状况改变，公司停工、停产 2 个月以上的，或依法被宣告破产的。
2. 甲方依法解散或依法被撤销。
3. 乙方到法定退休年龄的。
4. 乙方非因法定理由，不能正常履行工作职责达 30 日以上的。
5. 乙方死亡。
6. 法律、法规规定的其他情形。

第十七条 有下列情形之一的，经合同一方发出书面通知，可以中止合同。

1. 本合同在订立时所依据的客观情况发生重大变化，致使原劳动合同无法履行时，经甲乙双方协商同意终止劳动合同的。
2. 乙方患病或非因工负伤，在医疗期满后不能从事原工作，也不能从事甲方另行安排的适当的工作，而甲方又未解除劳动合同的。
3. 非因乙方原因停工、停产 1 个月以上的。
4. 法律、法规规定的其他情形。

第十八条 甲方应在解除或终止/中止劳动合同时，出具解除或终止/中止劳动合同的证明，并在 15 日内为乙方办理档案和社会保险关系转移手续；乙方应当按照双方约定，办理工作交接；甲方依据有关规定应当向乙方支付经济补偿的，在办好工作交接后支付。

九、违反劳动合同的责任

第十九条 甲方的违约责任。

1. 甲方克扣或者无故拖欠乙方工资的，以及拒不支付乙方加班工资的，除在规定时间内全额支付乙方工资报酬外，还应当加发相当于工资报酬 25%的经济补偿金。
2. 甲方支付乙方的工资报酬低于市政府公布的当年最低工资标准的，要补足低于标准的部分。同时，按照国家和当地市政府的相关规定予以赔偿。

第二十条 乙方的违约责任。

1. 在劳动合同有效期内，乙方不得违法或者违反本合同、保密协议及其他相关协议的约定，不得违反甲方的规章制度。若乙方单方面解除劳动合同，则按合同约定支付违约金。
2. 在解除劳动合同时，乙方未提前 30 日通知的，另向甲方支付相当于乙方一个月工资的违约金。违约金不足以弥补甲方损失的，乙方应赔偿相应的损失。
3. 其他违约责任：合同期未满乙方离职或与甲方解除/终止劳动关系，乙方须经甲方书面同意，并结清甲方代垫的各类费用。而且，乙方需要办理完所有的交接手续方可离职。否则，乙方须承担此给甲方造成的直接及间接经济损失。甲方有权从未结算的工资中予以扣除。

十、乙方声明，乙方在签署合同时，已获悉甲方的管理制度并愿意遵守各项事宜。

十一、因履行本合同而发生争议的，依照国家规定处理。本合同未约定的事项，按国家规定执行。

十二、本合同一式两份，甲乙双方各执一份。约定事项违反国家规定，或涂改，或未经合法授权代签无效。

甲方（盖章）：_____ 法定代表人（签字）：_____ 签订日期：_____

乙方（签字）：_____ 签订日期：_____

图 8-1 劳动合同模板（续）

第 9 章

员工培训：提升复制力，规模化产出人才

任何一个公司都希望所招聘的员工能高效、超额地完成工作任务。但实际上，任何一份工作都有其特点，新员工不可能迅速掌握有效的工作方法。因此，公司需要为员工提供职前培训。

9.1 工作流程培训，帮助员工快速上手工作

对员工进行培训是为了让员工更快地融入工作环境、进入工作状态、熟悉工作流程。那么，究竟该怎样做才能让员工快速熟悉工作流程呢？常见的方法有 5 种，如图 9-1 所示。

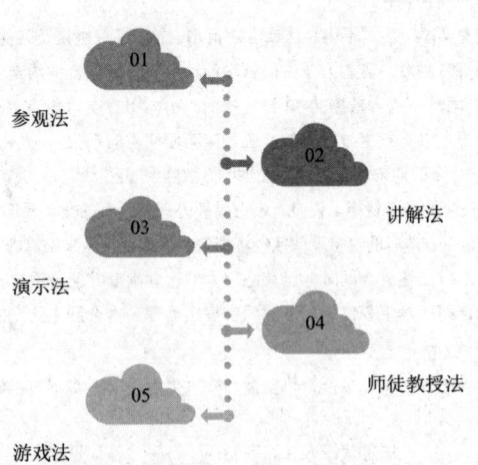

图 9-1 让员工快速熟悉工作流程的 5 种方法

1. 参观法

参观法是指相关负责人直接带领员工参观正在工作的员工的工作过程的培训方法。这种方法比较适合对动手能力要求高的公司，如手工业、制造业等行业的公司。对这类公司来说，带领员工直接参观，能让员工真正熟悉工作流程。否则，做再多的讲解也只能让员工对自己岗位的认识停留在理论层面上，其效果远不如参观直观、有效。

2. 讲解法

讲解法与参观法正好相反，它注重理论上的讲述，而不是实际操作。因为很多工作虽然属于一个大类，但它们实际上有着自己的特点。而且，其中还有很多工作处于未开始状态，所以其实际操作过程无法被展示出来。例如，软件公司的 App 开发工作，由于每个 App 的要求不同，因此关于它的具体工作流程在工作任务未完成之前是不可能被准确地知晓的，这时最好用讲解法向新员工讲述大致的工作流程。

当然，这样的工作流程只是理论上的，或者是由公司通过总结大多数员工的工作过程和方法而得出的。可能这样的工作流程具有普适性，但是员工在实际操作的过程中，还需要根据自己的理解来完成工作流程。不过，公司在使用讲解法让员工熟悉工作流程时，应该尽量让经验丰富的老员工或者部门负责人来完成这项工作。

3. 演示法

演示法是指部门负责人或有经验的老员工向新员工演示工作流程，从而让新员工熟悉工作流程的培训方法。演示法与参观法有相似之处，但它们又有区别。它们的相似之处在于，都属于较为直观的培训方法。它们的区别之处在于，前者主要靠新员工自行学习、记忆、领悟具体的工作流程，而后者不仅可以让新员工看到具体的工作流程，演示者还会对流程中的细节和要点进行讲解与提示。

显然，演示法比参观法更为精准。因此，演示法更适合用于介绍较为复杂的工作流程。对岗位要求较低，且操作过程较为简单的公司来说，利用参观法来培训新员工即可。但对岗位要求较高，且操作过程较为复杂的公司来说，就需要借助演示法来培训新员工。当然，公司也可以将这两种培训方法结合起来使用。

公司在使用演示法时，一般需要借助工具，或者直接用实物进行操作。例如，金融公司在为新员工讲解接待客户的流程时，可以借助PPT分别演示错误做法和正确做法。演示错误做法的目的是不让员工犯同样的错误。演示正确做法的目的则是对员工进行正面的引导。总之，至于应该选择哪种方式进行演示，公司需要根据具体的工作性质或工作内容来决定。

4. 师徒教授法

可能有些工作流程较为复杂，公司无法通过一次具体的参观、讲解、演示就能让新员工掌握，而是需要进行长期的培训。但从公司的角度来看，如果长时间让新员工进行带薪培训，那么显然不利于公司的发展。但如果对新员工培训不到位，就会影响新员工的工作效率，依然不利于公司的发展。

在这种情况下，最好的培训方法就是师徒教授法。公司从已有的老员工中选出一批技术精湛的人，让他们一人带3~5个新员工，教给新员工具体的工作流程。如果新员工的人数少，那么公司可以为每个新员工都安排一位师傅，对新员工的具体工作进行一对一的指导。这样做既不会影响公司的利益，又能保证新员工的培训质量。

需要注意的是，公司在使用师徒教授法时，一定要把控好挑选老员工这个工作环节。因为有些人可能技术水平一流，却不擅长指导别人，很难把自己的工作流程和方法讲清楚。因此，公司在挑选老员工时，技术水平是需要考察的一个要点，表达能力也是一个不可忽视的要点。不过，为了提高老员工带新员工的积极性，公司应该为老员工发放培训津贴。

5. 游戏法

为了让培训氛围更加轻松、愉快，也为了提高培训的效果，公司还可以考虑采用游戏培训法。游戏培训法的具体做法是将培训内容融入游戏中，以游戏的形式呈现培训内容，让新员工在游戏过程中熟悉具体的工作流程。游戏培训法的优点在于，公司在培训新员工的同时，可以让新员工更深入地了解公司的文化，增强对公司的认同感。

对于上述培训方法，公司既可以单独使用，又可以综合利用。除此之外，还有一些其他的行之有效的培训方法本文没有提到，公司在选择培训方法时，需要根据自己的实际业务情况来做决定。

9.2 培训淘汰机制，留下优秀的人共事

考核是一个公司在对员工进行管理时必不可少的环节。公司以薪酬为前提招聘员工，其目的是推动公司的业务发展，保证公司的正常运营。那么，招聘来的员工是否能胜任工作呢？这就需要通过考核机制来鉴别。而对于考核不合格的员工，公司应该予以淘汰，这样才能保证整个公司的战斗力。

这里涉及一个非常著名的效应——鲶鱼效应。其起源是，挪威人每次捕到沙丁鱼，在运回来的过程中，都会出现大量沙丁鱼死亡的情况。有一次，一位渔民不小心在装满沙丁鱼的鱼缸中放入了一条鲶鱼，结果运回来的沙丁鱼只死了极少数的几条。原来，鲶鱼的主要食物是其他鱼类，当沙丁鱼遇到鲶鱼时，它们为了生存会不停地在鱼缸内游动，企图躲避鲶鱼的捕食，从而存活下来。

鲶鱼效应在现实生活中的表现就是竞争能促使更多人不断努力提高自己，从而适应竞争环境。公司的管理同样如此，如果公司没有考核制度，不设立淘汰机制，员工就会毫无压力。这就会给一些不思进取的员工可乘之机，最终影响整个公司的工作效率和战斗力。

淘汰机制是一种强势的考核机制，其核心理念是"能者上，平者让，庸者下"。它能够带给员工极强的压力感，从而促使员工提高工作积极性，进而增强公司的整体竞争力。

在现代公司管理制度中，淘汰机制属于一种较为公平的考核方法。员工不用担心自己的学历、工龄等方面的因素会阻碍自己的晋升之路，只需要尽可能地展现自己的实力，发挥自己的才能。当然，淘汰并非意味着开除，它还可以被理解为降职、轮岗。

设立淘汰机制是为了激励员工，提高公司的整体战斗力，而不是为了为难员工。况且考核都是按月进行的，很有可能某个员工只在这一个月的考核中不合格，而在先前的考核中都表现出色。因此，淘汰机制不能只是单纯地以某个月的考核结果作为评定标准，而是要综合考虑员工的表现，这样才会让考核变得更加公平、公正。

如今，淘汰机制在国内很多大型公司中都已经实行了，这也是这些公司能一直在各自领域中保持较强竞争力的原因之一。当然，对公司来说，建立淘汰机制还需要有一定的前提条件。其中，较为重要的两个条件分别是具有吸引力的薪酬体系和公平、合理的考核方法。

1. 具有吸引力的薪酬体系

如果公司的薪酬体系不够诱人，那么不要说淘汰员工了，想招聘到合适的员工都很困难。当员工处于供不应求的状态时，淘汰员工就难以实施。这时，公司就会陷入两难的境地：如果淘汰了这些考核不合格的员工，公司的工作就没有人做了；如果不淘汰这些考核不合格的员工，他们的工作质量低下，就无法增强公司在行业内的竞争力。因此，这时公司要做的就是改变原有的薪酬体系，争取招聘到更多高素质的员工。

公司在建立了具有吸引力的薪酬体系后，就能够有效地吸引更多的员工，甚至是高素质的员工。在高素质的员工加入公司后，公司的整体战斗力就会有所提升。如果公司再建立有效的淘汰考核机制，那么员工的积极性会更高。

公司为员工提供较好的薪酬体系，员工自然也要为公司做出相应的贡献，否则公司的发展就无法持续。这也是公司设置试用期制度的原因。公司通常都会在试用期内对员工进行考核，考核不合格的员工就会被淘汰，这时的淘汰指的是开除。如果员工在试用期内表现优异，但在转正之后工作出现了纰漏，那么公司可以对其进行降职或调岗处理。

2. 公平、合理的考核方法

淘汰机制应该建立在公平、合理的考核方法之上。如果考核方法不合理，或者有失公允，就会出现把不该淘汰的员工淘汰的情况。这样的考核方法显然是不合适的。因为这种做法不仅无法增强公司的整体竞争力，还可能使高素质的员工流失。

建立公平、合理的考核方法的前提是，公司负责人有较强的全局观念，能够把握好公司的整体发展需求，而且对待事物有较为客观的认识和较为理性的处理方式，最好还应具备一定的人力资源管理知识。只有将理论与实践相结合，才能确保淘汰机制发挥好的作用。

事实上，不合格的员工不仅不能高效地完成公司安排的工作，还会影响其他员工。他们不良的工作心态、消极怠工的工作状态，或多或少地会给其他员工造成不好的影响。这样的员工如果不及时被淘汰，就会成为公司的隐患。

9.3 制定培训管理制度

为了使员工培训能够切实有效地进行，公司还要制定一套培训管理制度。在

第 9 章　员工培训：提升复制力，规模化产出人才

一般情况下，HR（Human Resource，人力资源）部门负责培训活动的统筹、规划、实施和控制，其他部门负责协助 HR 部门进行培训的实施、稽核和异常情况追踪，同时反馈培训效果。

在了解如何制定培训管理制度之前，我们需要先了解一下员工培训体系的构成。员工培训体系的构成如图 9-2 所示。

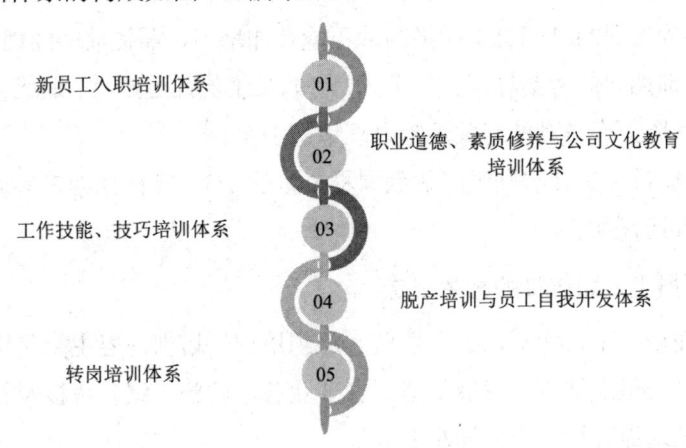

图 9-2　员工培训体系的构成

- 01 新员工入职培训体系
- 02 职业道德、素质修养与公司文化教育培训体系
- 03 工作技能、技巧培训体系
- 04 脱产培训与员工自我开发体系
- 05 转岗培训体系

在一般情况下，培训管理制度主要包括以下几个方面的内容。

1．部门经理和主管级以上人员培训的相关规定

（1）培训方式。

培训方式主要包括公司内部讲师或外聘有关专家培训等。

（2）培训内容。

培训内容主要涉及公司不断发展的文化、新运营模式的建立与运行、最新的管理理论和经营理念、管理者晋级课程等。

（3）培训要求。

部门经理和主管级人员的培训由 HR 部门每半年至少组织一次。部门经理和主管级人员的培训考核结果由 HR 部门纳入绩效考核评估记录。

2．在职员工培训的相关规定

（1）在职员工培训的要求。

在职员工有权申请参加学历教育或者公司内部举办的各类培训活动，但前提是不能影响本岗位的工作。

（2）在职员工培训的待遇。

符合培训条件的在职员工，在得到领导批准后，可享受公司为参加培训员工提供的各项待遇。

（3）在职员工培训期间的考勤规定。

在职员工在培训期间应严格遵照培训部门的各项安排。

① 必须参训的在职员工如果因故不能参加培训，需提前向经理请假。

② 培训期间的考勤等同工作考勤，在职员工但凡迟到、早退或无故不参加培训，均应参照工作考勤的有关规定办理请假手续。

③ 在职员工累计缺勤时间达到课程总量的 1/3，应被视为未参加培训，公司会对其进行通报批评。

3．新员工入职培训的相关规定

（1）在新员工入职后，公司要统一组织培训。培训内容主要包括公司的发展历史与愿景、组织结构、发展战略、主要业务、薪酬、绩效考核及相关人力资源政策等。该培训持续一个星期左右。

（2）新员工在完成入职培训后，要参加培训考核，不合格者需进行强化训练，直到合格为止。

4．培训费用的相关规定

（1）培训费用界定。

培训费用除包括员工直接支付给培训机构的培训费用外，还应包括员工在参加培训期间的食宿费用、交通费用。

（2）培训费用报销的相关规定。

在保证培训质量及达到培训效果的基础上，公司还要规范培训费用，以降低培训成本。

① 由公司人事部门举办的培训费用报销的规定。各项培训所花费用由培训项目负责人申请，报 HR 部门经理、财务部经理、总裁审核，相关人员在培训结束后凭各种财务凭证报销，多退少补。

② 出国培训的培训费用报销的规定。经公司批准同意出国培训的费用由公司支付，但如果出国培训报告被评为不合格（由公司专家委员会评定），那么员工需向公司返还出国培训费用的 20%。另外，员工在出国培训后离职的，需按所签订

协议的约定向公司赔偿。

③ 员工个人外部培训费用报销的规定。申请参加外部培训的员工，当培训费用超过 2000 元时，必须在参加培训前与公司签订员工外部培训协议书，规定双方的权利及义务。员工在培训后取得培训资格证书后，必须凭借已批准的个人外部培训申请表和资格证书复印件报 HR 部门审核，在 HR 部门审核通过后，公司再报销费用。

（3）培训费用赔偿。

员工在培训协议合同期内提出终止合同离开公司的，需根据协议约定偿还相应培训费用。

① 专业资格和技术等级培训、晋升培训赔偿的规定。员工自培训结束起 4 年内离开公司的全额赔偿，4 年以上的可免于赔偿。

② 大专以下（上）学历教育费赔偿的规定。员工自毕业起 3 年内离开公司的全额赔偿，3 年以上的可免于赔偿。

③ 大专以上（含）学历教育费赔偿的规定。员工自毕业起 5 年内离开公司的全额赔偿，5 年以上的可免于赔偿。

④ 其他培训项目赔偿的规定。培训费高于 2000 元低于 5000 元（含 5000 元）：自培训结束起服务期按 2 年计，服务每不足一年，赔偿实际培训费用的 50%。培训费高于 5000 元：自培训结束起服务期按 5 年计，服务每不足一年，赔偿实际培训费用的 20%。

5．培训效果评估的相关规定

在每一项培训完成之后，HR 部门都要对参加培训的员工进行考核。考核形式主要包括书面考试、现场提问、实操考核、案例分析、竞赛、课后论文等。HR 部门还要对考核结果进行效果评估，并形成培训评估报告，以不断改进和提升培训工作的质量。

6．培训档案管理的相关规定

HR 部门要为参加培训的员工建立并保管培训档案。培训档案要记录培训及岗位轮换的具体情况。此外，HR 部门还必须将每次培训的资料、教材、录像、记录整理存档，并不断完善公司的员工培训体系。

9.4 师徒制培养模式

公司竞争力的增强源于员工竞争力的增强。为了增强员工的竞争力，公司需要使基层员工在公司文化建设、业务模式探索等方面的能力都有所提升。如何快速地使基层员工迅速胜任工作呢？师徒制培养模式能够在这方面发挥作用，加速新员工的成长及基层人才梯队的建设。

师徒制培养模式由来已久，它在各行各业中一直被广泛运用。随着时代的进步，师徒制培养模式也在不断地更新和变化。目前，公司把师徒制培养模式作为一种基础性人才培养模式，先选拔出一些有能力的师傅，让他们与新员工或基层员工结成师徒，再经过一套完整的从设定挑战计划到具体实践的工作流程，实现徒弟胜任能力提升和师傅领导能力提升的目标。

很多公司都在采用师徒制培养模式。当然，公司成长的阶段不同，其师徒制培养模式的实施方式也千差万别，如华为公司的全员导师制、通用电气公司的逆向导师制等。师徒制培养模式的实施对象各有特色，有的公司针对的是高层管理人员，有的公司针对的是基层骨干员工，还有的公司将师徒制培养模式的目标执行人群设定为新入职的应届大学生。

不管师徒制培养模式针对的对象是谁，公司都是为了将针对的对象与其直接上级进行连接，促进"传、帮、带"氛围的形成。这样既可以满足基层员工或初级管理人员领导能力的提升，又可以使应届大学生尽快完成由"生手"到"熟手"的职业角色的转变。

如果公司确定要采用师徒制培养模式，那么在实施过程中，要明确下列几个方面的工作重心。

1. 师徒制培养模式的工作重心是师傅辅导及综合管理能力的提升

公司在设置师徒制培养模式时，一定要把师傅作为师徒制培养模式的重心。在师徒制项目中，师傅是师徒制培养模式实施的引导者之一，也是能力建设、方法传授、态度引导的发出者，所以师傅的辅导及综合管理能力是师徒制培养模式成功与否的前提。

2. 徒弟的岗位能力是否得以提升是衡量师徒制培养模式实施成败的关键标准

在师徒制项目中，徒弟也是在师徒制培养模式实施中起关键作用的主体。而且在实施过程中，公司应该主要围绕徒弟的岗位能力提升及岗位匹配度进行。师徒制培养模式的效果是通过徒弟被辅导期间的工作结果进行呈现的。

师徒制培养模式作为一种人才管理方式，是加速新员工成长及基层人才培养的有力保障之一。为了使师徒制培养模式被更有效地实施，公司需要使徒弟、师傅、部门负责人、各层级人力资源工作人员、分管领导等都参与整个培养过程，并对该模式加以支持和支撑，这样才能有效地保障人才培养过程的针对性和有效性。

第 10 章

考核方法：规范员工工作标准

评选优秀员工是现代公司的激励方式之一，也是公司管理的一项重要工作。公司定期开展评选优秀员工活动，可以有效地表彰业绩突出的优秀员工、树立先进榜样、激励他人，从而让员工更好地为公司工作。评选优秀员工活动的重要环节是设置考核方法，如果考核方法设置不得当，那么不仅起不到激励作用，甚至还会严重打击一部分努力进取的员工的积极性。因此，公司领导要及时召开管理人员会议，分析评选优秀员工活动的积极意义和成效，并围绕"评不评、评什么、怎样评"等关键问题展开讨论。本章介绍几种科学的考核方法，公司要根据自身的实际情况选择合适的考核方法。

10.1 图尺度考核法

图尺度考核法（Graphic Rating Scale，GRS）又称图解式考评法。该考核法是最简单和运用最普遍的工作绩效评价方法之一。

1. 图尺度考核法的操作步骤

第一步，主管人员在一张图表中列举出一系列绩效评价要素，如质量、数量、工作态度、工作能力等，并为每个要素都列出几个备选的工作绩效等级。下面列举一个简单的通过图尺度考核法制定的工作绩效评价表，如表 10-1 所示。

表 10-1　工作绩效评价表

考核项目	评价等级	得分
工作执行情况（24 分）	1. 达不到最低标准（0 分） 2. 勉强（5 分） 3. 满意（10 分）	

续表

考核项目	评价等级	得分
工作执行情况（24分）	4. 很勤奋（1分） 5. 优异（24分）	
工作态度（40分）	1. 勤勉　　A. 优（8分） 　　　　　　B. 良（5分） 　　　　　　C. 中（3分） 　　　　　　D. 差（0分）	
	2. 负责　　A. 优（8分） 　　　　　　B. 良（5分） 　　　　　　C. 中（3分） 　　　　　　D. 差（0分）	
	3. 合作　　A. 优（8分） 　　　　　　B. 良（5分） 　　　　　　C. 中（3分） 　　　　　　D. 差（0分）	
	4. 服从　　A. 优（8分） 　　　　　　B. 良（5分） 　　　　　　C. 中（3分） 　　　　　　D. 差（0分）	
	5. 适应　　A. 优（8分） 　　　　　　B. 良（5分） 　　　　　　C. 中（3分） 　　　　　　D. 差（0分）	
工作能力（36分）	1. 工作改善能力　A. 优（10分） 　　　　　　　　　B. 良（6分） 　　　　　　　　　C. 中（3分） 　　　　　　　　　D. 差（0分）	
	2. 业务执行能力　A. 优（10分） 　　　　　　　　　B. 良（6分） 　　　　　　　　　C. 中（3分） 　　　　　　　　　D. 差（0分）	
	3. 沟通表达能力　A. 优（8分） 　　　　　　　　　B. 良（5分） 　　　　　　　　　C. 中（3分） 　　　　　　　　　D. 差（0分）	
	4. 知识技能　　　A. 优（8分） 　　　　　　　　　B. 良（5分） 　　　　　　　　　C. 中（3分） 　　　　　　　　　D. 差（0分）	

第二步，主管人员从每个要素的备选工作绩效等级中分别选出最能反映下属

员工实际工作绩效状况的等级,并按照相应的等级确定其各要素所得的分数。

第三步,主管人员将员工所得到的所有分值进行汇总,即得到该员工最终的工作绩效评价结果。

2. 图尺度考核法的优缺点

(1) 图尺度考核法的优点。

① 使用起来较为方便。

② 能提供一种定量化的绩效评价结果。

(2) 图尺度考核法的缺点。

① 不能有效地指导行为,只能给出考核结果而无法提供解决问题的方法。

② 不能提供一个良好的机制,以提供具体的、非威胁性的反馈。

③ 准确性不高。由于评定量表上的分数未给出明确的评分标准,因此主管人员很可能得不到准确的评定,常常凭主观来进行考核。

10.2 强制正态分布法

强制正态分布法(Forced Distribution Method,FDM)又称强制分布法,它是根据正态分布原理,首先确定好各等级在被评价员工总数中的百分比,然后按照员工绩效的优劣程度,强制将员工列入一定的等级,最后根据员工所在的不同等级对员工进行奖罚。

很多公司都采取了强制正态分布法的考核方法,其中效果非常明显的应是美国的通用电气公司。该公司的前任CEO杰克·韦尔奇凭借该强制正态分布法绘制出著名的"活力曲线"。他按照员工的业绩和潜力,将员工分成A、B、C三个等级:A等级表示优秀,占20%;B等级表示不可或缺,占70%;C等级是垫底的,占10%。

对A等级内的员工,杰克·韦尔奇采用的是"奖励奖励再奖励"的方法:提高工资、给予股票期权及职务晋升。对于B等级内的员工,杰克·韦尔奇会根据情况,确认其贡献,并提高其工资。对于C等级内的员工,杰克·韦尔奇不仅不会给予他们任何奖励,还要从公司中将他们淘汰出去。

1. 强制正态分布法的操作步骤

强制正态分布法有一定的缺点(下文会介绍),为了克服这些缺点,同时将员工的个人激励与集体激励很好地结合起来，公司可以使用团体考评制度，以改进硬性分配的效果。强制正态分布法的操作步骤如下。

第一步，确定 A、B、C、D、E 五个评定等级的奖金分配点数，保证两个等级之间的差别具有充分的激励作用。

例如，某公司将被考核的员工分为 5 个等级，把 10%的员工评定为优秀，把 20%的员工评定为良好，把 40%的员工评定为中等，把 20%的员工评定为较差，把 10%的员工评定为最差，其强制正态分布图如图 10-1 所示。

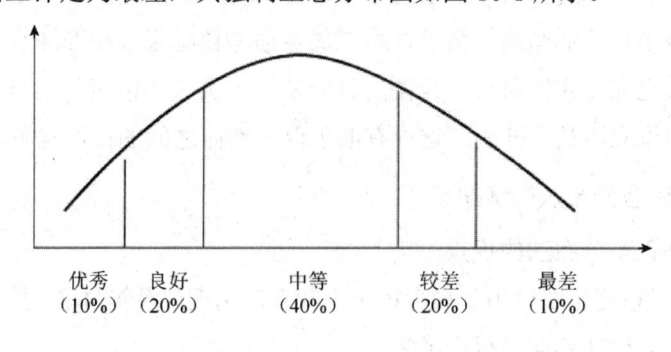

图 10-1　强制正态分布图

第二步，由每个部门的每个员工根据业绩考核的标准，对自己以外的所有其他员工进行百分制的评分。

第三步，对称地去掉若干个最高分和最低分，求出每个员工的平均分。

第四步，将部门中所有员工的平均分加总，再除以部门的员工人数，计算出部门所有员工的业绩考核平均分。

第五步，用每个员工的平均分除以部门的平均分，就可以得到标准业绩考核得分。

注：标准业绩考核得分等于或接近 1 的员工，应得到中等的考评；标准业绩考核得分明显大于 1 的员工，应得到良好甚至优秀的考评；标准业绩考核得分明显低于 1 的员工，应得到较差甚至最差的考评。

第六步，根据每个员工的考核等级所对应的奖金分配点数，计算各部门的奖金总点数。

第七步，结合可以分配的奖金总额，计算每个奖金点数对应的金额，并得出每个员工应该得到的奖金数额。其中，各部门的奖金分配总额是根据其主要管理人员进行相互考核的结果来确定的。

为了提高管理人员的权威，公司可以将员工团体考核结果与管理人员考核结果的加权平均值作为员工最终的考评结果，但是管理人员考核结果的权重不能过大。各考核等级之间的数值界限可以由管理人员根据过去员工业绩考核结果的离散程度来确定。这种计算标准业绩考核得分的方法可以合理地确定被考核员工的业绩考评结果的分布形式。

为了鼓励每个员工都客观、准确地给自己的同事打分，公司可以采取奖励制度，即对同事的考评排列次序与最终结果的排列次序最接近的若干名员工，给予提升考评等级等形式的奖励。另外，员工的业绩考核结果不应在业绩考核当期公开，奖金发放也应秘密给付，这样做的目的是稳定员工的情绪。但是各部门的总体业绩考核结果应该是公开的，这样有助于促进部门之间的良性竞争。

2．强制正态分布法的优缺点

（1）强制正态分布法的优点。

① 强制正态分布法适用于被考核员工较多的情况，操作简单，只需要确定各等级的比例，简单计算即可得出结果。

② 激励性强。由于强制正态分布法常常与员工的奖惩密切相关，即对绩效优秀的员工给予奖励，对绩效较差的员工给予处罚，通过正负激励的配合运用，能给予员工强烈的刺激。

③ 等级划分清晰。不同的等级有不同的含义，区别显著。

④ 强制区分。强制正态分布法要求必须按比例把员工的等级区分开，能有效地避免评估中过严或过松等一边倒的现象。

（2）强制正态分布法的缺点。

① 考核的准确性不高，只能把员工分为几种有限的类别，很难对员工进行具体的比较，也不能在诊断工作问题时提供准确、可靠的信息。

② 如果员工的绩效水平事实上不遵从所设定的分布样式，那么按照考核者的设想对员工进行硬性区别，容易引起员工的不满。

③ 可能有虚假情况发生，因为有些部门可能为了应对强制正态分布法，想出"轮流坐庄"的战略，这样就不能体现强制正态分布法的真正用意。

10.3 配对比较法

配对比较法（Paired Comparison Method，PCM）又称两两比较法，即将所有要进行评价的岗位列在一起，进行两两对比，价值较高者可得 1 分，最后将各岗位所得分数相加，分数最高者即等级最高者。

1. 配对比较法的操作步骤

在应用配对比较法时，人数不宜过多，以 5~10 人为宜。配对比较法的操作步骤如下。

第一步，列出所有需要被评价的员工的姓名和需要被评价的所有工作要素，即评价要素。

第二步，将每个员工按照所有评价要素与所有其他员工进行比较。

第三步，将所有员工依据某一类要素进行配对比较，用加和减也就是好和差标明谁好一些、谁差一些。

第四步，将每个位员工得到的好的次数相加。

第五步，按分数高低顺序将岗位进行排列，即可划定岗位等级。

下面以某公司的管理岗位排序为例，说明如何运用配对比较法进行考核。

（1）确定需要评估的岗位：本案例需要评价的岗位有 6 个，其岗位代码分别是 A、B、C、D、E、F。设计评价对比表，如表 10-2 所示。

表 10-2　评价对比表

	A	B	C	D	E	F	总分
A		0	0	0	0	0	0
B	1		1	0	1	1	4
C	1	0		0	0	0	1
D	1	1	1		0	0	3
E	1	0	1	1		1	4
F	1	0	1	1	0		3

（2）在上述岗位中，排序因素主要包括工作职责、工作权限、任职资格、工作条件及环境等因素。

（3）通过两两对比，确定岗位得分。例如，岗位 A 和岗位 B 相比，岗位 A 的价值没有岗位 B 大，因此在岗位 A 所在行与岗位 B 所在列的交叉位置记"0"；岗位 E 的价值比岗位 F 大，因此在岗位 E 所在行与岗位 F 所在列的交叉位置记"1"。

（4）依照上述方法，将剩余的所有岗位进行两两相比。

将每个岗位得分沿行方向汇总，得出总分，将总分进行排序，分高者价值大。

2. 配对比较法的注意事项

配对比较法能将排序型的工作绩效评价法变得更为有效，但是公司在实际操作过程中要注意下列几点。

（1）在配对比较过程中，在一般情况下都要比出高低，如果实在比不出高低，就记"0.5"。

（2）表 12-2 中的数据只是一个专家的评价结果，在实际操作中，公司要对各专家的结果进行统计计算，一般取各专家对岗位评价的平均值作为最终结果。

（3）配对比较法有专门的计算机软件，在统计数据时，每个专家只需填列左下三角区域或右上三角区域的单元格即可，因为这两个三角区域的数字有关联，与图中斜线对称位置的两个数字和为 1。在软件进行统计时，只要将下三角区域单元格中的数据转置复制到上三角区域的单元格中，乘以-1 并加 1 即可。

（4）由于两个岗位的困难性对比不是十分容易，因此专家在评价时要格外小心，避免出错。

10.4 行为锚定等级评价法

在考核制度中，有一种考核方法叫作行为锚定等级评价法，它是由美国学者史密斯和德尔提出的。这种考核方法的具体做法是先建立一个等级评价表，然后评价人员根据等级评价表中的内容对员工的实际行为进行测评并划分相应的等级。因此，它又叫行为定位法。

行为锚定等级评价法的实质是将关键事件法与评级量表法结合起来。这种考核方法进一步拓展了关键事件法。不同的员工在完成同类工作时，其效果和效率的确存在差异，如果对员工实行无差别对待，那么员工的工作积极性就难以被调动。

行为锚定等级评价法的操作步骤如图 10-2 所示。

- 对岗位进行分析
- 制定绩效评价等级
- 对关键事件进行重新分配
- 对关键事件进行评定

图 10-2 行为锚定等级评价法的操作步骤

第一步,对岗位进行分析。

在运用行为锚定等级评价法对员工进行考核时,公司需要对员工所处的岗位进行分析。因为不同的岗位对员工的学历、能力、劳动强度的要求不同。公司如果不对这些因素进行分析,制定出来的评价标准就会失去合理性,随之而来的考核结果也就不具有可信性,没有参考价值。

相反,公司如果对每一个岗位都进行分析,并从中获取关键事件,将其作为制定考核标准的主要依据,就能对处于这个岗位的员工起到激励作用,调动他们的工作积极性。从整体来看,这样的考核标准也是十分合理的。因此,公司在使用行为锚定等级评价法时,一定要对员工所处的岗位进行详细分析。

第二步,制定绩效评价等级。

公司负责人需要根据岗位分析的结果,制定绩效评价等级,这是行为锚定等级评价法的主要参考依据,因此公司负责人在制定的过程中需要综合考虑多种有效因素。通常,绩效评价等级一共分为5~9个等级。等级越多,公司负责人越能从细微处区分各等级之间的差别,考核的结果越精确。

第三步,对关键事件进行重新分配。

为了保证制定的绩效评价等级切实可行,公司可指派其他管理人员对关键事件进行重新分配。经过两轮分配和归类确定的关键事件的最终位置具有较高的可信度。由此,公司就能制定出较为科学、合理的考核标准。

第四步,对关键事件进行评定。

由于第二步制定了5~9个绩效评价等级,第三步又进行了验证,因此第四步需要进行总体上的审核。如果审核结果显示第二步和第三步确定的考核标准没有问题,公司就可以对它们进行排序。排序的依据是事件的重要程度,越重要的事件,排的位置越靠前。

行为锚定等级评价法不是一种十全十美的考核方法,既有优点,又有缺点。行为锚定等级评价法的优点:考核标准更加清晰,对员工的绩效考核更加精确;反馈效果比较好,其连贯性和可信度均较高。

行为锚定等级评价法的缺点:制定科学、合理的考核标准需要付出大量的人力和财力;在实施这种考核方法的过程中,公司需要花费较高的费用;当遇到较为复杂的工作时，考核人员在考核的过程中极易出现偏差，因为有些工作的行为与其结果的联系不够紧密，这会让考核人员将注意力放在结果上，而忽视具体的行为。

每种考核方法都各有缺点，这很正常，重要的是考核人员要认识到每种考核方法的缺点。如果考核人员在使用某种考核方法时，能有效规避其缺点，放大其优点，那么该考核方法也能成为一种较好的考核方法。

10.5 360°考核法

360°考核法又叫全方位考核法，其特点是评价维度多元化（通常是4个或4个以上）。这种方法适用于对中层以上的人员进行考核。360°考核法的做法是让员工从自我、上司、下属、同事、客户等多个不同的主体中了解自己的工作绩效，从而对自己的优势和劣势有一个清醒的认识。360°考核法示意图如图10-3所示。

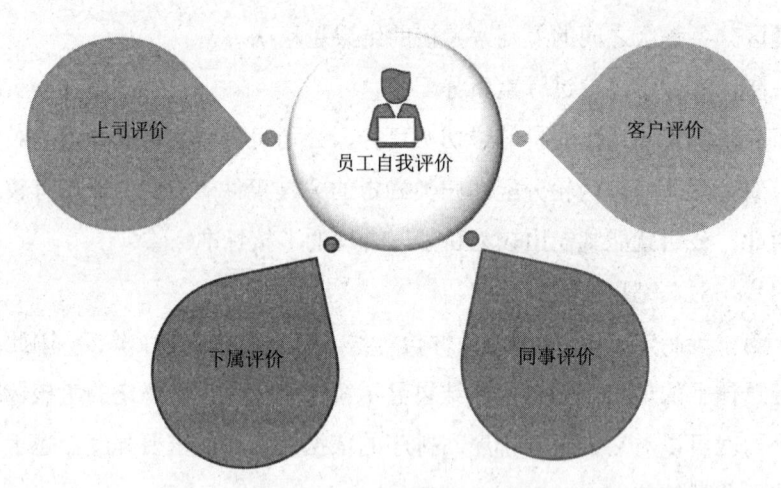

图10-3　360°考核法示意图

很多时候，员工的工作效率之所以难以提高，是因为他们根本不知道自己的问题出在哪儿，自然就找不到提高的方法。因此，从这个角度来看，员工在认识到自己的劣势后，就会努力想办法提高，这样考核的目的就得以实现。

360°考核法是一套有效的考核机制，其操作步骤如图10-4所示。

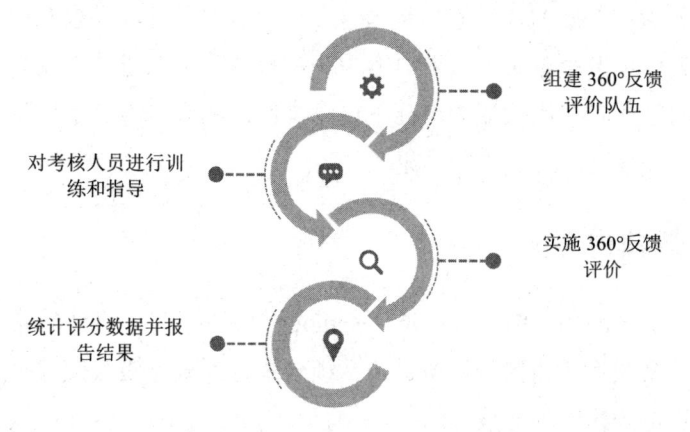

第 10 章　考核方法：规范员工工作标准

图 10-4　360°考核法的操作步骤

第一步，组建 360°反馈评价队伍。

考核人员无论是被考核人员自己选择的，还是由公司指定的，都应该得到被考核人员的同意，这样才能保证被考核人员认同和接受考核结果。

第二步，对考核人员进行训练和指导。

公司组织人员给考核人员提供考核方法的训练和指导。

第三步，实施 360°反馈评价。

公司要加强对整个实施过程的监控和标准化管理。如果这个阶段的工作没有做好，那么整个考核结果是无效的。

第四步，统计评分数据并报告结果。

目前，已有专门的 360°反馈评价软件对统计评分和报告结果给予支持，包括多种统计图表的绘制和及时呈现，使用起来相当方便。

由于 360°考核法的操作步骤比较烦琐，不仅要求涉及 4 个或 4 个以上的不同主体，还要求每个主体中都有 6 个以上的人给出评价，因此公司一般不会将其运用到所有员工身上，而只是用在老员工或骨干员工身上。目前，使用 360°考核法的公司会同时聘请专业顾问来完成具体的考核工作，这就意味着这种考核方法的操作步骤十分烦琐。

由以上对 360°考核法的介绍可知，这种考核方法对员工工作效率的提高作用大于对员工的管理作用。公司要发挥它提高员工工作效率的作用，就需要建立一套反馈机制。否则，被考核人员不知道别人对自己的评价，就无法提高自己的工作效率。

113

为了保证360°考核法能够有效地展开，公司管理者可以寻求专业的顾问公司帮忙。公司管理者聘请专业人士来实施360°考核法，可以避免出现其他不利的情况。如果公司管理者在不太懂的情况下自己操作，那么最终的结果可能是浪费了人力、物力，却没有达到理想的结果。

10.6 交替排序法

交替排序法（Alternative Ranking Method，ARM）是一种比较常用的排序考核法。它是根据绩效考核要素，将员工从绩效最好到最差进行交替排序，并根据序列值来计算得分的一种考核方法。

考核人员在运用交替排序法时，被考核人员一般是5～10人。交替排序法的操作步骤如下。

第一步，列举出所有被考核人员的名单。

第二步，选择一个绩效考核要素，并列出在该绩效考核要素上，表现最好的和最差的员工。

第三步，在剩下的员工中挑出最好的和最差的。这样依次进行，直到将所有被考核人员全部列出为止，从而以优劣排序作为绩效考核的结果。

下面以某公司的管理岗位排序为例，说明如何运用交替排序法进行考核。

（1）公司共有9个岗位，分别是A、B、C、D、E、F、G、H、I。按照衡量指标，从9个岗位中选择最重要和最不重要的岗位，分别放在首位和末位，如表10-3所示。

表10-3 交替排序法的衡量指标排序

岗位代码	F①	A②	G③	C④	I⑤	B⑥	E⑦	H⑧	D⑨
岗位排序	1	2	3	4	5	6	7	8	9

注：圈码表示选择的先后顺序。

（2）岗位F最重要，排序为1；岗位D最不重要，排序为9。将余下的7个岗位按照上述方法进行排列。

（3）以此类推，完成所有岗位的排列，获得最终所有岗位的排序。

交替排序法简单实用，并且考核结果令人一目了然。在一般情况下，从所有被考核人员中挑选出最好的和最差的，比对他们绝对绩效的好坏进行评价要容易得多。因此，交替排序法的应用很广泛。

第10章 考核方法：规范员工工作标准

但是，交替排序法也存在缺点：容易对员工造成心理压力，在感情上不易被员工接受，并且准确性不高；谁是最好的、谁是最差的，完全由上级主管凭其主观判断来选定，这为上级主管凭主观进行评价留下了空间。

第 11 章

激励制度：有奖励，才有干劲

如果公司对所有员工都无差别对待，不论处于何种岗位，员工都领取同样的薪酬，员工的积极性和创造性就难以被调动；反之，如果高层管理人员与基层员工的薪酬差距过大，那么也会引起基层员工的不满，挫伤基层员工的积极性。因此，公司要建立科学的薪酬激励制度，调动员工的积极性，增强公司的竞争力。

11.1 薪酬结构

许某最近在找工作，她面试了很多公司。其中，有两个公司是她比较满意的。这两个公司都属于软件开发公司，工作环境也相似，唯一不同的是这两个公司的薪酬结构不同。一个公司直接开出每月 10 000 元的工资，没有其他补贴。另一个公司承诺每月 8000 元的基本工资，全勤奖为 500 元，餐补为 500 元，车补为 500 元，房补为 500 元。另外，夏季还会发放高温补贴费，冬季会发放取暖补贴费。

虽然两个公司给出的工资总额是一样的，但其实并不完全一样。工资属于个人所得，需要缴纳个人所得税。个人所得税是针对个人的基本工资征收的，从这一点来看，许某似乎应该选择第二个公司。但是，第一个公司给出的工资确实高，如果以后涨薪，那么只会更高，从这一点考虑，许某选择第一个公司似乎更有利于自己以后的发展。因为这两种薪酬结构各有利弊，所以许某陷入纠结之中。

那么，这两个公司的薪酬结构符合法律、法规的要求吗？员工薪酬究竟由哪几部分构成？《关于贯彻执行〈中华人民共和国劳动合同法〉若干问题的意见》规定："劳动合同法中的'工资'是指用人单位依据国家有关规定或劳动合同的约定，以货币形式直接支付给本单位劳动者的报酬，一般包括计时工资、计件工资、奖金、津贴和补贴、延长工作时间的工资报酬以及特殊情况下支付的工资等。"可见，以上两个公司的薪酬结构都是合法的。

通常，员工的薪酬是由基础工资与考核工资构成的。其中，基础工资包括基本工资、各种津贴、加班工资；考核工资包括月度考核工资、季度考核工资、年度考核工资。虽然这两个公司给出的月工资总额是一样的，但是二者相比，后者更具有激励性，也更能显示出人文关怀。

因此，对一个公司来说，其薪酬结构不仅要合理、合法，还要起到激励员工的作用。基于这个要求，员工的薪酬应该包括两个部分，即固定工资和浮动工资。固定工资是员工工作的基本保障，浮动工资则是为了激励员工而设的。浮动工资的不确定性，恰恰能调动员工的积极性。员工固定工资与浮动工资的组成部分分别如图11-1和图11-2所示。

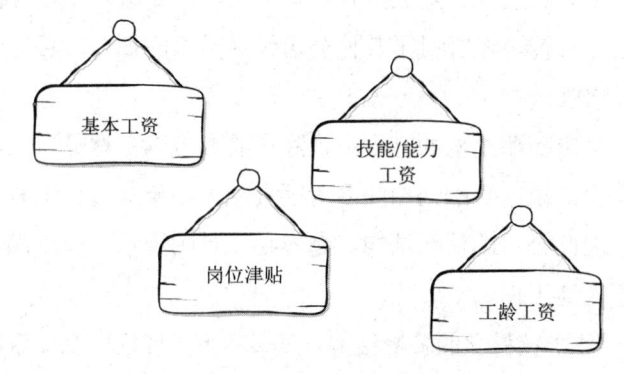

图11-1　员工固定工资的组成部分

图11-2　员工浮动工资的组成部分

公司给员工发放薪酬，一方面是对员工付出的劳动给予报酬，另一方面是对员工的工作给予肯定。如果薪酬能在肯定员工工作的同时，激发员工的积极性和创造性，那么显然对公司的发展非常有利。而要达到这个目的，公司在制定薪酬时，既要注意内部公平性，又要重视外部竞争性。

在同一个公司中，如果出现员工的岗位、工龄、学历都一样，而薪酬不一样的情况，那么肯定会引起薪酬低的员工的不满，这些员工可能不会直接表示自己的不满，但其不满情绪会在工作中体现出来。显然，在这种情况下，员工不会全身心地投入工作，对待工作可能就不会尽职尽责，工作质量也就可想而知。因此，薪酬的内部公平性是非常重要的。

另外，公司的薪酬还需要重视外部竞争性，即公司的薪酬水平不能低于同行业公司的平均水平。百度作为互联网行业的巨头，其薪酬水平十分高，这不仅激发了其员工的工作热情，还吸引了其他公司优秀员工的加入。百度的外部竞争力在无形之中得以增强。

公司在实际制定薪酬结构的过程中，除了要参考以上意见，还应该结合公司的实际情况。一般来说，薪酬结构的参考因素越多，意味着员工有更多的机会获得更多的薪酬，因此公司的薪酬结构就越容易让员工满意。员工满意了，自然就会更认真、更投入地工作。

图 11-3 是一种比较科学的薪酬结构，在实际操作过程中也比较容易得到员工的认可，让员工满意。这种薪酬结构同时包含了固定工资和浮动工资，能够调动员工的积极性。新成立的公司如果在短时间内没有找到适合自己的薪酬结构，就可以直接使用这种薪酬结构。

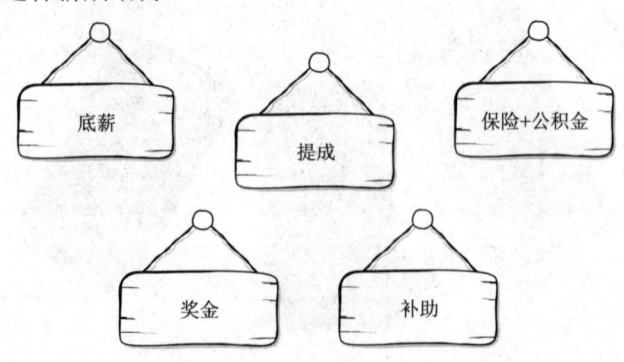

图 11-3　比较科学的薪酬结构

11.2 薪酬级差

为了提高员工的积极性，也为了尽可能减少员工流失，很多公司会设置薪酬级差制度，即工龄越长的员工，其基本工资越高。

小刘的学历是大专，毕业后一直在某公司工作，如今已有 5 年的工龄。薪酬级差制度的实施，让小刘的工资有了质的飞跃。从此，小刘的工作劲头更足了。

小王的学历是硕士研究生，由于刚进公司不久，因此他的薪酬远远低于小刘。这让小王心里多少有点不满，因此小王的工作热情一直不高。

该公司薪酬级差的设置，虽然对某些员工起到了激励作用，但并未激励到所有员工。可见，这个薪酬级差的设置标准并不十分合理，因为它仅以工龄为衡量标准。事实上，在实际工作中还有很多具体的衡量标准，如工作质量、业务情况、考核情况等。因此，仅以工龄定薪酬是不科学的，也是不合理的。

小张在去某公司应聘时，提出自己的期望薪酬是 8000 元。人事主管在看了他的简历后告诉他："你作为一名刚毕业的大学生，没有工作经验，我们无法给你这么高的薪酬。但是，我们公司实行的是薪酬级差制度，也就是说，你在我们公司工作一年以后，我们会根据你的工作能力给你加薪，那时你的薪酬可能会超过 8000 元。"由于受到加薪的鞭策，小张在入职后的一年内全心全意地投入工作。不只是小张，公司的其他员工也都和小张一样全心全意地投入工作。薪酬级差制度使该公司的整体战斗力得以提升，该公司在整个行业内的竞争力得以增强。

一般来说，公司在设置薪酬级差制度时，可参考的因素包括员工的学历、岗位、工龄、工作能力、技术复杂程度、劳动繁重程度等，如图 11-4 所示。

尽管在设置薪酬级差制度时有多个参考因素，但在实际的操作过程中，公司不应该将各个因素孤立起来对待，而是要综合使用。总而言之，薪酬级差制度的设置要遵循一个原则：员工为公司做出的贡献越大，自然就应该获得更高的薪酬。

这里需要注意的是，设置薪酬级差制度是为了调动员工的工作积极性，因此只要是与员工的切身利益相关的因素公司都应该考虑到。薪酬级差制度的参考依据越多，薪酬级差划分得越细，越有助于提高员工的工作热情。

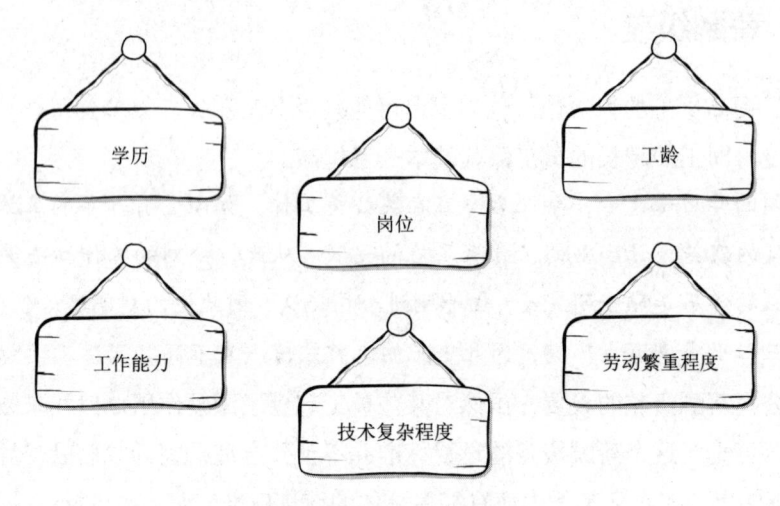

图 11-4　设置薪酬级差制度的参考因素

尽管公司实行的是薪酬级差制度，但也要保证员工的最低工资不能低于当地规定的最低工资标准。另外，薪酬级差制度也不能让工资高得离谱，超出公司的支付能力。

总之，公司不论实行何种薪酬制度，都应在其实际承受能力范围之内，否则会给自己带来巨大的经济压力。一旦公司不能及时支付员工的薪酬，轻则会引起员工的恐慌情绪，重则会失去员工的信任，导致员工离职。

11.3　涨薪幅度

小孙原本是一个公司的资深 HR。在别人看来，这份工作既轻松，薪酬又高，但是小孙离职了。当她把离职的消息告诉亲朋好友后，大家都感到很不解。

小孙为什么会选择离职呢？虽然她的薪酬在外人看来挺高，而且跟同行业其他公司的薪酬持平，但是其他公司一年至少有两次涨薪，而小孙来这个公司已经 3 年了，期间只有一次涨薪，而且是小幅度的，公司的涨薪幅度远低于其他公司。因此，小孙选择离职了。

物价是处于不断上涨状态中的，如果员工的薪酬没有上涨，那么与物价相比，就意味着员工的薪酬下降了。而员工的薪酬下降，就会导致其生活质量下降。在这种情况下，员工自然会选择另谋出路。

对公司来说，员工的流动性过大，并不是好事。为了留住员工，也为了稳定公司的人员结构，公司在设置薪酬结构时，需要将阶段性涨薪的问题考虑进去。那么，阶段性涨薪该如何涨呢？上涨的幅度应设定为多少才算合适呢？

薪酬的指导线由3个部分组成，分别是基准线、上线（也叫预警线）、下线。而与之相对应的就是政府对薪酬上涨的一般、最高、最低幅度的指导意见。换句话说，公司的涨薪幅度在这3条线的范围内都是合理、合法的。当然，公司涨薪幅度的设定，还应考虑到公司的实际运营状况。

阶段性涨薪是针对公司全体员工而言的。但是，这并不意味着所有员工的涨薪酬幅度必须保持一致。绝对平均化带来的结果往往是平庸化。公司如果实行无差别化涨薪，就会让富有激情的员工变得越来越懒散，让本来积极性不高的员工完全丧失积极性。因此，对于阶段性涨薪，公司应该设置一套涨薪标准，用以激励员工，让涨薪变得有意义。

"多劳多得、优劳优得、效益优先、兼顾公平"，这是正确的涨薪原则。因此，公司在设定涨薪幅度时，可以结合考核制度来进行。考核结果较好的员工，其涨薪幅度应相应地增大，但最好不要高于最高标准，除非公司的财力十分雄厚，能够承受得了高标准的涨薪幅度。当然，考核结果不太好的员工，其涨薪幅度也不能低于最低标准。

11.4　化解薪酬争议问题

很多公司管理者都有这样的烦恼，虽然想用高薪留住人才，但奈何公司的财力不够雄厚；虽然想对所有的员工一视同仁，让他们都能拿到高薪，从而提高他们的工作积极性，但奈何公司的资源有限，无法做到公平分配。

如何解决这些问题呢？实际上，通过调整薪酬结构，重新制定薪酬分配原则，就可以有效地解决这些问题。虽然资源是有限的，但分配方法是灵活的。因此，公司管理者可以根据实际情况重新制定分配原则，从而尽可能保证资源能被公平分配。

公平分配不等于平均分配，而且绝对平均的分配方式，反而不利于调动员工的积极性。因此，要想做到公平分配，公司管理者应该从以下4个要素着手，如图11-5所示。除此之外，公司管理者还可以考虑以奖金补贴的方式来弥补薪酬分配中存在的不足。

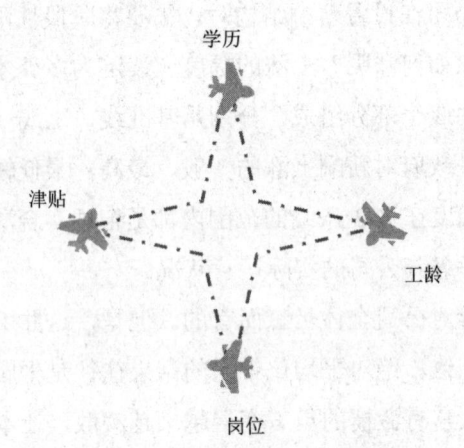

图 11-5　公平分配资源的 4 个要素

1. 学历

公司招聘员工的目的是帮助公司完成各种各样的工作。这些工作既有体力工作，又有脑力工作。体力工作对学历的要求较低，脑力工作则对学历的要求较高，而且脑力工作往往需要耗费员工较多的精力和时间。因此，脑力工作者所获得的劳动报酬也较多。一般来说，学历高的员工的薪酬应高于学历低的员工的薪酬。

2. 工龄

对于同等学力者，公司在为他们支付薪酬时，应根据他们的工龄来支付。因为一般来说，工龄越长的员工，对公司的各项业务就越熟悉，为公司创造的价值就越大，所以他们理应获得更高的薪酬。如果忽略了这一点，规定同等学力者的薪酬都一样，那么工龄长的员工就可能出现工作懈怠的情况。适当地拉开员工之间的薪酬差距，反而有利于调动员工的积极性。况且，这种差距的设置是非常合理的。

3. 岗位

一个公司中会同时存在多种类型的岗位，具体可以分为管理岗、技术岗、生产岗、普通岗。这些不同的岗位所要求的劳动强度、劳动技能、劳动责任是不同的。因此，这可以作为一个薪酬分配的标准。在工作中付出了更多劳动、技能、责任的员工，自然应该获得更高的薪酬。否则，即使有能力的员工，也不愿意展现他们的能力。

4. 津贴

津贴作为一种补充形式，既能体现公司对员工的关怀，又能弥补薪酬分配中存在的不足。事实上，前面所提到的工龄越长的员工，为公司所做的贡献越大，这是针对普遍情况而言的，不排除其中存在例外的情况。因此，在遇到这种情况时，公司可以以津贴的形式来弥补薪酬分配中存在的不足，从而激励员工。

总而言之，合理的薪酬结构是增强公司竞争力的一个关键因素。公司在制定薪酬结构时，应尽量做到公平分配薪酬。

第12章

离职问题：别让员工满腹怨言地离开

公司的人员流动是不可避免的，有的是因为业绩考核不通过而被公司解雇，有的则是因为自身的原因主动提出离职。不管是由于何种原因造成的员工流失，都会给公司造成一定的损失，甚至是风险。对于解雇员工这种情况，公司是可以掌控的，但员工主动离职这种情况是公司无法掌控的。这时，公司需要处理好员工离职的问题，规避员工离职给公司带来的风险。

12.1 员工离职的常见原因

美国劳动力市场曾对员工离职做过一项调查，结果发现：在员工离职情况中，约20%的离职属于必然离职，而必然离职在公司员工离职情况中所占的比例是稳定且较低的；约80%的离职属于可避免离职，而减少甚至杜绝这部分员工离职是公司管理的任务和价值所在。

要想降低员工的离职率，公司就要先对员工离职的原因有所了解。员工为什么离职，一直是困扰很多公司的难题。虽然有些公司设置了离职面谈流程，但在离职面谈中，80%以上的员工说出的离职原因并不是真实的，因为大多数员工只是为了顾及双方的感受和面子才给出一些理由，所以公司从这个流程中了解到的离职原因通常是不可信的。

员工离职的常见原因如图12-1所示。

第12章 离职问题：别让员工满腹怨言地离开

```
           01
        薪酬偏低
                        02
                     工作压力过大
           03
     没有晋升和发展的空间
                        04
                     公司的发展前景不好
           05
      公司氛围不够融洽
```

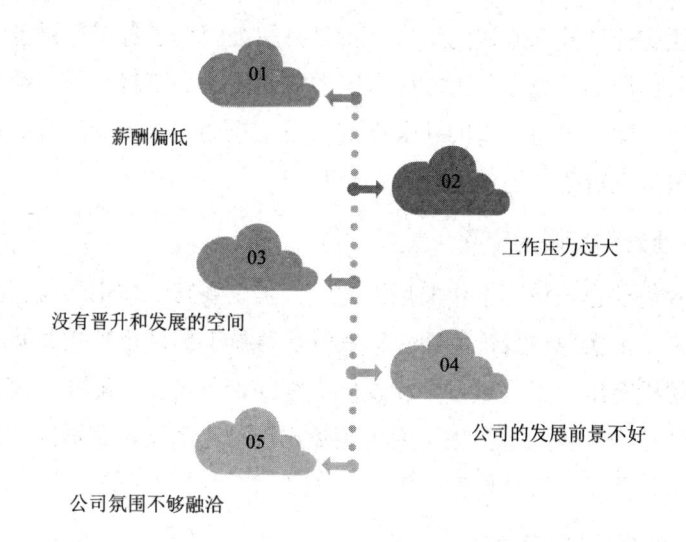

图 12-1　员工离职的常见原因

1. 薪酬偏低

人们选择去工作的根本原因是为了生活。当然，人们的生活需求既包括物质需求，又包括精神需求。其中，物质需求主要是指薪酬等方面的需求，精神需求则是指人们常说的自我价值实现的需求。精神需求一般是建立在物质需求得到满足的基础之上的。因此，当一个公司给出的薪酬达不到员工的期望，甚至达不到当时社会的平均水平时，就会造成员工离职。

每个地区都有一个最低工资标准，这个最低工资标准是当地政府根据当地的经济发展状况，以及物价水平、消费水平等因素设定的。即使是新成立的公司，其制定的最低工资也不能低于这个标准，否则就难以招聘到员工，尤其是优秀的员工。

2. 工作压力过大

有些公司虽然给出了较高的薪酬，但给员工安排的工作非常繁重。本来公司规定的上班时间是 8 小时，而公司安排的工作员工 10 小时也无法完成，在这种情况下，员工就会有极大的工作压力，这时员工就很可能离职。可能有人会说："聘请员工本来就是为公司完成工作的，不可能给他们钱让他们在公司闲着。"虽然这句话有一定的道理，但公司管理者不要忽略一个问题——人不是机器，人的精力和所能承载的负荷量是有限的。

目前，还有一种较为普遍的情况，就是有些公司为了赶工作进度，要求员工在周末及节假日加班，而且既不按照国家的规定支付加班费，又不给员工安排调休。长此以往，即使公司给出的薪酬很高，员工也会产生不满，最终员工不得不以离职来发泄自己对公司的不满情绪。

3. 没有晋升和发展的空间

满足精神需求也是员工工作的原因之一。员工要在工作中实现自我价值。公司如何才能让员工实现自我价值呢？答案就是给员工提供晋升和发展的空间。

如果公司没有给员工提供晋升和发展的空间，员工就可能一一离去。这对公司来说，无疑是一笔较大的损失。为了避免出现这种情况，公司管理者应该考虑到员工的需求，并尽量满足他们的需求。

4. 公司的发展前景不好

有些公司管理者为了保护商业机密，从不向员工透露公司的情况，包括业务情况、公司的发展前景等。这可能让员工对公司产生怀疑，觉得公司没有广阔的发展前景。基于这种心理，一部分员工会选择离职。因为在这些员工看来，公司的发展前景不好，就意味着个人没有晋升和发展的空间。甚至有的员工还会觉得，公司一副风雨飘摇的样子，自己迟早会面临失业和重新择业的问题，既然这样，那么不如提前做好准备应对这一切。

对创业者来说，公司的员工是与自己一起并肩作战的队友，如果创业者不信任员工，员工自然就难以做到与创业者共同奋斗。其实，公司中并非所有的消息都是商业机密，创业者有选择性地向员工透露一些消息，能够起到稳定员工的作用。

5. 公司氛围不够融洽

大多数公司都实行每周 5 天 8 小时工作制，加上中午休息的时间，员工一天在公司的时间是 10 小时左右。这就意味着，员工一天中的大部分时间是在公司中度过的。如果公司的办公环境不好，到处都呈现着脏乱差的状态，就会影响员工的工作状态，甚至使员工产生离职的想法。

除了公司的硬件设施，公司氛围还包括公司文化及工作氛围。如果公司的管理过于严苛，每天给员工一种紧张、压抑的感觉，就不利于员工工作效率的提高，还会给员工造成极大的心理压力。

公司管理者在明确了员工离职的常见原因后，就能对症下药，有效降低员工的离职率，减少因员工离职而给公司造成的损失。

12.2 员工离职的流程

有些员工去意已决，公司即便再三挽留，也难以奏效。对于这些员工，公司应该做的是制定完善的离职流程，以此来减少员工离职对公司造成的损失。

如果在员工提出离职请求后，公司马上允许他们离开，就会给公司造成损失。因为公司不能保证立马招聘到合适的新员工。这就意味着，员工离职可能导致其岗位的工作无法完成。为了减少这种情况给公司造成的损失，公司应规定员工需要提前一个月提出离职申请，这样就能给双方提供一个准备和应对的时间。尚在试用期内的员工，其离职申请应至少提前3天提出。

为了对员工起到有效的约束作用，这项离职规定同样需要配以合适的惩处措施。否则，离职规定就可能难以发挥其应有的作用。例如，员工如果不按照离职规定提前相应的时间提出离职申请，并且在提出离职申请后立即离开公司，那么公司在结算工资时，按旷工的标准处理。

为了降低员工的离职率，也为了了解员工离职的原因，公司管理者应该在员工提出离职申请后约谈员工。如果员工的能力非常强，在岗位中发挥着重要作用，而且离职的原因并非必然因素，那么公司管理者应尽量通过为员工解决后顾之忧的方式来挽留员工。事实上，在这种情况下，公司的挽留往往是能够达到预期目的的。

但如果员工离职的原因是工作倦怠，那么此时公司的挽留就不起作用了。在这种情况下，公司只能顺应员工的意思，为他们办理离职手续。在这个过程中，公司首先应该对员工的离职申请进行审批；其次，安排相应的员工与离职员工进行工作交接；再次，为离职员工结算工资；最后，将离职员工的资料存档。至此，员工离职的流程就结束了。通常来说，员工离职的流程如下。

（1）员工提交离职申请。

（2）公司管理者约谈员工。

（3）公司审批离职手续。

（4）员工办理离职交接。

（5）公司给员工结算工资。

（6）公司将离职员工的资料存档。

（7）员工正式离职。

需要注意的是，不论员工因何种原因提出离职申请，公司都应该在员工离职时，为员工结清工资，不得拖欠，更不得克扣。否则，公司就违反了《中华人民共和国劳动合同法》（以下简称《劳动合同法》）的规定。在这种情况下，员工有权通过法律途径维护自己的权益。而这样公司就会在员工的心目中留下不好的印象，甚至在行业内传出不好的口碑，这将会影响公司以后的招聘工作，以及未来的发展。

12.3 要不要接受老员工复职

小李因为与同事发生了一点摩擦，一气之下便向公司提交了离职申请。一个月之后，小李如愿以偿地从工作了两年的公司离职。

离职后，小李休整了一段时间，便开始寻找新的工作。不过，小李面试了多个公司，都没有找到合适的。而且这些公司不论是规模还是薪酬，都不及他原来就职的那个公司。于是，小李萌生了向原就职公司提出复职申请的想法。

事实上，职场中有不少像小李这样的人，他们因为一时冲动而申请离职，但最终发现还是自己原来就职的公司好，所以又想复职。对公司来说，这种情况既有好处，又有弊端。

好处在于能让优秀的员工回流，可以增强公司的整体战斗力，而且老员工对岗位中的各项事务比较熟悉，不用培训就可以直接投入工作。但弊端是可能引发员工离职热潮。因为员工会觉得"既然离职了还能复职，那么我为何不先离职去找其他更好的工作？如果没有找到更好的，那么我还能复职"。在这种侥幸心理的驱动下，可能有些员工会提出离职申请，从而给公司带来管理及业务上的麻烦。因此，为了避免出现这种情况，公司有必要制定一个完善的复职通道。

首先，公司应该规定只接受管理层员工的复职请求，不接受普通员工、基层员工的复职请求。因为管理层员工掌握着公司很多重要的商业信息，而且他们属于高素质人才，对公司的发展起到了较大的促进作用。尤其对大型公司来说，管理层员工的管理工作非常重要。

其次，公司应该详细了解员工复职的原因。既然员工离职是有原因的，那么员工复职肯定也是有原因的。从员工给出的复职原因中，公司可以判断员工是否能继续在原岗位中发挥作用。例如，员工复职的原因是薪酬，这就意味着其他公司的薪酬不及本公司，这样的员工在复职之后会安心地、努力地工作。但如果员工是因为没有找到合适的工作而申请复职，那么这样的员工之后可能还会提出离职申请，所以这样的员工是不适合被回聘的。

最后，公司应规定员工在复职后，其薪酬仍按原标准执行。目前，有些求职者认为，工作经历越丰富，薪酬越高。在这种观念的驱使下，很多员工会选择频繁跳槽。尤其是有些公司设立了复职制度，更是让想要借助跳槽来加薪的员工看到了希望。针对这种情况，笔者建议公司在设置复职通道时，一定要明确规定复职员工的薪酬不变。同时，这也能让复职员工心中有数，公司不会因为员工复职而降低原先的薪酬标准。

关于员工复职，人力资源界的知名专家李宏飞曾说："职场人应该有一个清晰的职业规划，如果原就职单位更适合自己的职业发展，就应该抓住机会选择回归，离职之后再回来本来也是很自然的事情，不要因为个人的顾虑而妨碍自身职业的发展。"这段话是针对复职员工说的。但与此同时，公司也有重新选择员工的权利。为了增强公司的竞争力，公司有必要制定一套完善的员工复职制度。

12.4 如何有效地管理即将离职的员工

某人力资源管理咨询公司接待了一位咨询者。该咨询者的问题是，他就职的公司最近出现了一股离职热潮。尽管公司不希望这些员工离职，但还是尊重员工的选择，批准了员工的离职申请。而距离员工正式离职还有一段时间，按理说，在这段时间内，离职员工还是公司的一分子，应该尽力为公司服务。然而实际情况是，即将离职的员工就像脱缰的野马一样，不再接受公司的管理，不是迟到、早退，就是来到公司也不工作。

从心理学的角度来看，即将离职的员工这时的心理是："我的离职申请已经得到批准了，我马上就与这个公司没有关系了，所以我就没有必要再为这个公司卖命了。"基于这样的心理，员工在其离职申请得到批准后，自然就会出现工作懈怠的情况。

上述问题并不是不能解决的。如果公司能采取相应的措施，一定可以有效地管理即将离职的员工。有效地管理即将离职的员工的方法如图12-2所示。

01	02	03
严要求	跟进度	注意情绪

图 12-2　有效地管理即将离职的员工的方法

1. 严要求

即将离职的员工在未正式离职之前，还是公司的一分子，公司有权对其工作提出要求。而即将离职的员工在严格的管理下，就不敢对工作表现出懈怠情绪。

不过，有些公司对即将离职的员工的态度存在严重的问题，如有些员工会刻意地与即将离职的员工保持距离，公司的集体活动也不让即将离职的员工参加。在这种情况下，即将离职的员工即使想站好最后一班岗，也会对公司的这种做法感到不满，于是便在心里暗示自己不用这么做。然而，有些公司的做法是值得借鉴的，它们对即将离职的员工一视同仁，甚至还为即将离职的员工举办欢送会，这样不仅能让所有员工感受到公司的温暖和人性化管理，还能激励留下来的员工更加努力地工作。

2. 跟进度

由于即将离职的员工在离职之前需要进行工作交接，因此公司应该跟进员工交接工作的进度。这样做，一方面可以直接对即将离职的员工的工作起到督促作用，避免他们在工作中出现懈怠的情况；另一方面可以向即将离职的员工传递一种公司依然关注他们的工作情况的信号，让他们觉得公司还是很重视他们的。

3. 注意情绪

员工在离职期间的情绪，可以在一定程度上反映员工离职的原因和公司的管理效果。如果员工在离职期间表现出愤怒的情绪，就说明他们对公司的某些方面存在严重的不满。如果公司不能及时意识到这个问题，并对此加以改进，那么最终只会造成更多员工流失。这是一个很危险的信号，为了公司的长足发展，公司应该注意即将离职的员工的情绪问题。

由此看来，公司有效地管理即将离职的员工，一方面是公司管理的总体要求，另一方面是维护公司形象和长远利益的做法。

12.5 为何不能草率地批准员工离职

如果员工不提前向公司提出离职申请，公司就无法及时找到替补人员来完成该岗位的工作，这就不可避免地会对公司造成损失。因此，公司不能草率地批准员工离职，员工有离职的权利，公司同样有权要求员工应至少提前 30 日提出离职申请。

公司之所以要求员工应至少提前 30 日提出离职申请，原因包括两个方面。一方面，对员工而言，员工离职需要和公司或新员工交接工作。因为每个员工在公司中都会负责某一项具体的工作，公司也会将有关这项工作的资料交由这个员工保管。但是，这些资料属于公司的商业机密，员工在离职后需要将其交还给公司，并确保不会泄露。如果员工不提前提出离职申请，员工和公司就没有充足的时间来处理这些交接工作。

另一方面，公司可以有充足的时间安排招聘工作，招聘新员工替补离职员工。另外，离职流程比较复杂，也需要一些时间来办理。

另外，《劳动合同法》第三十七条规定："劳动者提前三十日以书面形式通知用人单位，可以解除劳动合同。"《劳动合同法》第五十条规定："用人单位应当在解除或者终止劳动合同时出具解除或终止劳动合同的证明，并在十五日内为劳动者办理档案和社会保险关系转移手续。"

也就是说，如果员工不提前 30 日向公司提出离职申请，公司就有权延长员工的离职时间，并扣除相应的工资。当然，公司需要提前将这个要求告知员工。一般来说，大多数公司都会在劳动合同中注明这一项要求，或者在员工手册中注明这一项要求。

总之，当员工提出离职申请时，公司不能草率地批准，必须要求员工至少提前 30 日提出离职申请，这样才能更好地推动公司工作的顺利进行。

第4篇

运营谈判篇

第 13 章

业务合同：合同是公司开展业务的基础性文件

签订合同对公司来说是常有的事，如果公司在签订合同的过程中不够严谨，就可能出现漏洞，给公司造成巨大损失。为了避免这种不良情况的出现，公司在签订合同时一定要谨慎。

13.1 明确合同的主体资格

公司在与任何对象签订合同时，都要先对其主体资格进行审核。什么是合同的主体资格呢？它是针对民事法律关系主体而言的一个概念，是指依法享有权利及承担义务的法律关系的参与人。合同的主体是对合同中规定的事项承担责任的对象，可以是一个人，也可以是一个组织。如果不对合同的主体资格进行审核，就可能出现有了问题却找不到责任人的情况。

那么，究竟如何对合同的主体资格进行审核呢？公司应对对方的法人资格进行审核，审核内容包括4个方面。

（1）成立的过程是否有法律依据。

（2）是实缴注册还是认缴注册。

（3）公司名称、办公场所是否符合法律、法规的规定。

（4）是否能独立承担民事责任。

如果签约方属于组织，没有独立法人资格，那么公司应审查其营业执照。如果签约方属于某公司的下设部门或者分支机构，那么公司同样需要对其法人资格进行审核。如果不符合条件，公司就可以拒绝与其签订合同，以避免给公司的运营工作带来麻烦。

可能还会出现另一种情况，即合同的履行具有一定的专业性。在遇到这种情况时，主体资格审核还应该包括对从业人员相应资格的审核。具体的做法可以是审核从业人员的从业资格证书。如果公司在与对方签订合同时忽略了这一项内容，就意味着合同能否如约履行是一个未知数，这是对自己不负责的表现。

例如，公司在与从事教育行业的主体签订合同时，需要审查对方的教师资格证；在与从事传媒行业的主体签订合同时，需要审查对方的新闻采编从业资格证。总之，对于这些具有明显专业性质的主体，对从业资格证的审查是非常重要的环节。

而且，在实际的审查过程中，公司还要确保双方的当事人都是合同中明确指出的主体。如果出现当事人与合同规定的主体不相符的情况，公司就需要重新确定；如果出现主体人变更的情况，那么出现变更的一方需要及时告知对方，并确认变更后的情况。而审查方需要对此进行全面审查，从而确保不会给后续工作带来法律风险。

13.2　明确合作双方的义务

合同的本质是一份具有法律效力的协议。合同是对当事人之间设立、变更、终止民事关系的规定，以及对当事人之间的权利和义务的规定。没有人能预测到双方在合作过程中会出现什么问题、会发生什么样的纠纷。如果合作双方对此没有明确的解决方案，就可能给彼此带来很多麻烦。因此，在合同中明确合作双方的义务是必不可少的环节。

小李和小宋是多年的同窗兼好友，而且两个人都有开一间茶餐厅的愿望。为此，两个人在大学期间就做了详细的调研和规划。毕业后，他们便拿着成熟的计划开始了第一次创业。

由于两个人是好友关系，彼此也都非常信任对方，因此在创业之初两个人并未签订任何合作协议或合同。而且，两个人在工作中的分工也没有明确的规定，谁愿意负责哪方面的工作就负责哪方面的工作。

餐厅在刚开业时，生意比较冷清，而且两个人的创业热情正好处于高昂的状态，因此餐厅的管理工作进行得非常顺利。然而，随着时间的推移，餐厅逐渐有了知名度，餐厅的生意越来越火爆。这本该是一件值得高兴的事，然而，小李和小宋之间出现了矛盾。最终，两个人因为在餐厅管理工作的分配上没有达成一致意见而闹上了法庭。

上述案例就是一则典型的因合作义务不明确而产生严重问题的案例。对合作双方来说，合同必定会涉及利益问题，而这个问题又是最容易引起合作双方发生冲突的。不过，有冲突并不可怕，可怕的是没有有效的解决方案或依据。人们在面对利益时，大多会极力地维护自己的利益，这时如果没有能够约束彼此的依据，合作双方就很容易陷入僵局。

为了保证合作能够顺利进行，也为了避免合作双方在日后的合作中发生不可调和的冲突，合作双方在签订合同时要先明确合作双方的义务。经验不足的创业者可以参考同行业内其他人的意见，或者咨询专业的法律顾问。

总而言之，合作双方需要履行的义务，在合同中被呈现得越详细越好，这也是合作双方在签订合同时需要注意的事项之一。

13.3　细化合同条款

合同内容包括合同签订主体及合作双方约定的各项责任和义务。后者通常以条款的形式被呈现，每种具体情况都被列为一项条款。因此，合同条款的内容越详细越好。

《中华人民共和国民法典》第四百七十条规定，合同的内容由当事人约定，一般包括下列条款。

（1）当事人的姓名或者名称和住所。

（2）标的。

（3）数量。

（4）质量。

（5）价款或者报酬。

（6）履行期限、地点和方式。

（7）违约责任。

（8）解决争议的方法。

当事人可以参照各类合同的示范文本订立合同。

公司可以根据合同所涉及的具体行业性质，有选择性地选用以上内容作为合同的主要条款。但是，不论合同的主要条款的内容是什么，对其中的细节问题的描述都是越详细越好。

合同条款的内容越详细，在遇到具体情况时公司就越容易找到相对应的解决办法。因此，在合同中，只要是可能在合作过程中出现的问题，或者合作双方能想到的问题，都可以以具体的条款被列出，防患于未然好过"事后诸葛亮"。

例如，甲需要乙开发一套系统，并与乙签订了合作协议。该协议规定，乙应尽早完成系统开发工作。乙提前完成的时间越多，甲为乙支付的劳动报酬就越多。

显然，这份合同的条款非常模糊。关于合同中的"尽早"，没有一个明确的定义，也没有一个明确的时间界定。日后，即使乙完成任务的速度非常快，乙想凭借这份合同向甲要求支付更高的劳动报酬也几乎是不可能的，因为并没有一个参照物可以让乙证明自己的完成速度很快。

合同条款越详细，越能显示合同签订者有着缜密的思维和周密的考虑，这样合作双方会更加信任彼此，推动彼此的合作关系向纵深方向发展。

13.4 设置保密条款

合作的实质是合作双方之间优势互补及资源共享。任何一个公司都有其独特的运营模式和商业资源，这是公司维持发展、保持行业竞争力的秘密武器。然而，一个人的力量是有限的，一个公司的秘密武器也是有限的，尤其对初创公司及中小型公司来说，更是如此。如果这些公司进行联合，其秘密武器的杀伤力就会大大增强。

在合作过程中，虽然合作双方都拿出了自己的秘密武器，并且合作双方都可以加以利用，但是，这并不意味着另一方对秘密武器拥有支配权。也就是说，在签订了合同后，合作双方都对对方的秘密武器，即商业机密，只有使用权，没有所有权，更没有支配权。因此，为了约束对方的行为，合同中有必要包括保密条款。

在如今这个竞争十分激烈的商业环境中，在合同中添加保密条款已经成为一种共识，也成为默认的达成合作关系的前提条件。尤其在高新技术领域，如果合作双方拒绝签订保密条款，那么所有的合作事宜都免谈。

在很多商业主体看来，制定保密条款是一种基本的商业道德。从理性的角度来看，这也是符合法律、法规的要求的。一般来说，合同中的保密条款会有明确的范围，包括设计、样品、模具、原型、技巧、诀窍、工艺、方法、技术、公式、算法、科学知识、性能要求、操作规格、测试结果、财务信息、商业计划、市场调研、市场分析、客户信息、配送信息等。

另外，保密条款还会规定泄露保密信息的处理方式。至于具体的处理方式视具体情况而定。如果泄露的信息不属于重大级别，不会给对方造成重大损失，那么酌情以金钱赔付的方式处理。对于情节严重的情况，则可以申请法律援助。

由于大多数商业信息都有有效期，因此保密条款也有固定的保密期限。保密期限需要在保密条款中被清晰地呈现出来。在一般情况下，保密期为5年。不过，合同当事人也可以根据自己的行业性质来确定具体的保密期限。

13.5 注明违约责任

对合作双方来说，合作是有期限的。合作双方应该在这个期限内按照合同约定对对方负责。如果某一方违反了合同中的规定，就构成违约行为。违约行为会不可避免地给对方带来一定的影响或者造成一定的损失。因此，合同中应包括违约责任条款。违约责任条款包括违约责任承担方式、违约责任条款约定、损害赔偿范围、违约金4项内容。

1. 违约责任承担方式

当事人一方不履行合同义务或履行合同义务不符合规定的，应当承担继续履行、采取补救措施或者违约赔偿等违约责任。

2. 违约责任条款约定

违约责任条款约定是违约责任条款的核心内容，应该包括所有可能的违约形式，以及违约补救、赔偿的问题。例如，双方签订的是为期两年的合同，那么合同中至少应给出在一年之内退出合作关系的赔偿标准，以及在一年之后退出合作关系的赔偿标准。因为这两种情况都是极有可能发生的，而且会给合作的另一方带来较大的影响或者造成较大的损失。

3. 损害赔偿范围

当事人一方不履行合同义务或者履行合同义务不符合规定，给对方造成损失的，需要向另一方赔偿损失费。损失赔偿额不能低于因违约而规定的赔偿额，以及履行合同义务本可以带来的收益。

4. 违约金

当事人一方因违约给另一方造成一定损失的，需要将损失以金钱的方式赔付给另一方。合作双方可以在合同中直接规定违约金，也可以根据实际情况对违约金进行折算。如果合同中事先约定的违约金低于实际损失，那么当事人的另一方可以请求人民法院或者仲裁机构予以处理。

13.6 签约主体没有签约资格的合同成立吗

2018年8月，上海某科技公司（以下简称科技公司）准备购买一批新的计算机，最后与上海某电器公司（以下简称电器公司）达成协议。双方约定的购买价格是18万元，并且双方在口头上约定电器公司在8月25日之前把货送到科技公司的办公地点。另外，双方还约定，科技公司需要先支付给电器公司8万元的定金，之后的10万元尾款在计算机送达并检查合格后3天内支付。

电器公司在2018年8月24日将科技公司预定的计算机送到了目的地。可是，一个星期之后，电器公司还没有收到科技公司应付的剩余款项。于是，电器公司负责人亲自与科技公司交涉，结果得到的答复是，科技公司只是上海的一个办事处，不具备签订合同的资格。之后，电器公司又找到科技公司的总公司，总公司的答复是，与电器公司合作的办事处不具备法人资格，它做出的承诺和约定不代表总公司的意志，不具有法律效力。

由于没有签订书面的合同，也没有审核合同的主体资格，当科技公司不愿意主动支付剩余款项时，电器公司只能处于极度被动的状态，无法走法律程序。

以上案例告诉广大公司运营者，在进行商业合作之前，一定要签订合同，并且要对合同的签约主体进行资格审核。例如，公司运营者要审查对方是否有签订合同的资格及授权证明（如公司的营业执照、组织机构代码证、商标证书、授权书、身份证件等）。为了确保证件的真实性，公司运营者还可以上网查验或者电话咨询。

另外，运营中心、分公司、办事处、接待处、联络处等，都是没有签约资格的主体。如果公司运营者遇到的签约主体是以上任何一种，就一定要查验其总公司的书面授权文件。否则，公司运营者不能与其签订合同。

13.7 没有验收标准，违约方不承担违约责任

某团购网站曾与深圳某科技公司合作，让对方帮其进行网络推广。合作双方就此事达成了一致协议，约定推广期为一年，推广费用为 20 万元。此后，双方签订了合同。合同还规定，推广费用分 3 次付清：第一次支付 5 万元定金，时间是在合同签订后的一周内；第二次支付 10 万元，时间是在推广工作开始后的第二个月；第三次支付剩余的 5 万元尾款，时间是在推广工作开始后的第十个月。

该团购网站如约支付了第一次应付的 5 万元。到了第二次约定的付费时间，该团购网站以推广效果不佳为由，拒绝支付应付款项。该科技公司在多次派人与其协商无果之后，只好将其告上了法庭。然而，因双方所签订的合作合同对违约事项及违约责任并没有明确的规定，所以诉讼被法院驳回了。

可以说，合作双方完全是因为利益驱动而确定合作关系，开展合作工作的，所以在这个过程中，合作双方都需要用明确的条文规定来维护各自的合法权益。

事实上，如果对违约责任没有明确的规定，那么即使合作一方违背了合同约定，使另一方的合法权益受到侵犯，另一方也无法得到法律的保护。虽然依法签订的合同具有法律效力，但如果合同中没有明确的关于违约责任的规定，法律就缺乏了维护诉讼者权益的证据。

合作双方可能出现的违约行为，以及应当承担的相应责任，甚至违约金、律师费、损失费等，都应被写进违约责任条款中。总之，违约责任条款的内容越详细越好。

第 14 章

商业谈判：化劣势为优势，争取最大利益

商业谈判是一件斗智斗勇的事，公司运营者要想在商业谈判中获得成功，就需要掌握一定的谈判技巧。很多时候，在谈判的当下，公司可能缺少订单、可能现金流不充足、可能在公司业务上存在诸多问题，而这些问题都能够通过必要的谈判技巧解决。公司运营者懂得谈判技巧，即使自己处于劣势，也能增加谈判的筹码。

14.1 缺少订单，可提高订单返点

如果公司面临的问题是缺少订单，那么在进行商业谈判时应使用的技巧是设置较高的订单返点。不论是公司经营，还是商家的分销行为，其目的都是盈利。商家选择供应商的标准只有一条，即能获得更多的好处和利益。而对公司来说，订单越多，盈利才会越多。

显然，商家要想获得更多的盈利，就要确保其产品进价处于一个较低的水平。因为商家之间存在着竞争，如果将卖价定得过高，产品就难以顺利卖出。因此，商家只能通过压低产品的进价来确保自己的获利情况。

基于这种情况，公司要想获得更多的订单，就要在利益允许的范围内，尽可能地向商家让利，如设置较高的订单返点。订单返点往往体现了合作双方的诚意，订单返点越高，表示合作双方越有诚意，达成合作关系的可能性就越大。

较高的订单返点意味着商家的订单金额越大，商家能获得的订单返点就越高。因为公司会根据订单金额按比例给商家返钱。这对商家来说，无疑是极具吸引力的措施。当然，在使用这个谈判技巧时有一个前提，那就是公司缺少订单。

从以上解释中可以看出，较高的订单返点是一种公司向商家让利的行为，这意味着在短时间内公司可能面临利益损失的情况。如果公司没有较强的财力基础作为支撑，履行这一承诺就会显得较为吃力。如果公司在商业谈判中给出了这样的承诺，就一定要履行，否则会给公司带来负面影响。

公司运营者可以与商家签订订单返点协议，这样一来，即便日后发生了冲突，也有解决问题的依据。

14.2 订单量少，可提高单价

不少初创公司的运营者都有这样的苦恼，即订单量少。因为刚成立的公司知名度较低，难以取得较多的合作方的信任。而且，如今任何领域的竞争都是非常激烈的，在这种情况下合作方拥有较大的自主权和选择权。

面对这种情况，公司可以通过提高单价来应对，保证优质优价。因为公司盈利有两种常见的途径：第一种是通过增加销量，即增加订单量；第二种是通过提高单价，保证优质优价，即以质量取胜。既然公司在订单量方面遇到了困难，就可以考虑通过第二种途径来保证盈利。

路易威登是一个世界著名的品牌，其产品包括手提包、旅行包、珠宝、腕表、成衣等。尽管它的知名度很高，所涵盖的产品类型也非常多，但是它的销量非常少。难道是因为它的产品销售不出去吗？答案是否定的。事实是很多人想买它的产品，但是买不到。

以路易威登的手提包为例。路易威登有一款手提包是由世界顶级工匠纯手工打造的。这款手提包的质量和品质都非常好，不过，它在全球范围内是限量生产、限量销售的。尽管销量极为有限，但是这些手提包给路易威登带来的价值是无法想象的。

可见，公司的盈利情况并不是完全与订单量直接挂钩的。相比较而言，优质的产品更能为公司带来丰厚的利润。对初创公司来说，谈业务、接订单本来就比较困难，更别说在短时间内接到大量订单了。这时，与其紧盯着订单量不放，不如专注于提高产品的质量。在产品的质量有保证之后，产品的价格也会更具优势，盈利情况自然就能得到保证。

另外，公司的订单量少恰好使公司有更多的精力去提高产品的质量。当产品的质量达到一定程度之后，公司在业界的口碑和地位就会随之提高，订单量增加就成了水到渠成的事。因此，比起订单量，产品的质量更重要。

即使公司的订单量少，公司运营者在进行商业谈判时也要底气十足，这是在商业谈判中一个十分重要的关键点。如果公司运营者在进行商业谈判时表现得底气不足，纵然有质量过硬的产品，那么它也难以成为谈判的优势。要确保产品的质量，技术是一个十分重要的因素。如果缺乏优秀的技术团队的支持，就谈不上优质优价。

总而言之，订单量少并不是关键问题，如何提高产品的质量，如何在谈判中体现出自己的产品优势，才是十分关键的问题。只有把握住这一要点，公司运营者才能在商业谈判中占据更多的优势。

14.3 现金流不充足，可提高预付金

张先生是一个文具公司的老板，在每年临近开学时，他都会感到特别兴奋，因为他的生意来了。当然，这时也是他最忙的时候。他每天都要忙着与来自全国各地的商家进行谈判，因为双方都想在价格上占据更多的优势。而且这些商家有一个共同的特点，那就是要求先发货，等他们把产品卖出后，再向张先生付款。以往，张先生手头的资金比较宽裕，他都爽快地答应了。但今年不一样了，张先生手头的资金比较紧张，因为他为了扩大生产规模，增强竞争力，新建了一个工厂，并且将所有的生产设备都更新了。当商家再提出这样的要求时，他感到很为难：答应商家的要求，他担心自己后期会因资金不足而拖欠工人的工资；不答应商家的要求，他又担心会失去合作伙伴。

张先生的这种情况是很多供应商在商业谈判中都会遇到的。实际上，面对这种情况，公司运营者应采取的措施是提高预付金、压缩账期。现金流在公司发展中的作用非同小可，公司的现金流一旦断裂，信任危机就会随之出现，而最坏的结果就是公司破产。因此，在这个时候，公司运营者切不可为了留住合作伙伴而一再压低自己的底线。

如果公司运营者为了留住几个合作伙伴而将公司推向破产的境地，就会得不偿失。相反，如果公司运营者选择将实际情况告诉对方，说明自己处于现金流匮乏的阶段，就可能得到对方的理解，对方甚至愿意主动提高预付金、压缩账期。

尤其对初创公司而言，公司运营者在进行商业谈判时更应该掌握这个技巧，

即提高预付金、压缩账期。因为大多数初创公司的现金流都比较匮乏，如果贸然采用先订货后付款的合作方式，就很有可能将公司逼上绝路，而提高预付金、压缩账期的做法能够帮助公司加快现金回笼。这样公司就有了更多的流动资金来支付员工的工资、购买原材料等，甚至还可以利用这些资金进行产品推广和公司宣传。

不论是初创公司，还是有着悠久发展历史的大型公司，都需要铭记一条原则，即谈判的意义在于寻找事情的转机，而不是一味地满足对方的要求。在商业谈判中，公司运营者要有自己的底线和原则，从公司的实际情况出发，运用适当的谈判技巧。

14.4　订单组合法：平衡大订单与小订单

公司可能接到大订单，也可能接到小订单，大订单往往比小订单带来的收益更多。这是不是意味着公司只需要接大订单，不需要接小订单呢？答案是否定的。

也许公司非常幸运，有很多大的合作商来寻求合作，但公司能保证有足够的时间和精力去应对吗？虽然大订单所带来的收益较多，但公司需要付出的时间和精力也很多。而公司的人员及技术等资源都是有限的，用有限的资源去应对无限的要求，这显然是不成正比的，也是难以做到的。

尤其对初创公司来说，接过多的大订单不一定是好事。因为大订单对质量、技术的要求更高，而初创公司的技术很有可能不能达不到其要求，可能出现产品质量不合格的情况。倘若出现质量问题，那么初创公司需要返工或者赔钱，这会让初创公司难以承受。

小订单则不一样：首先，小订单的业务量小，对人员的要求不高；其次，小订单给了业务承接方更多的发挥空间；最后，即使小订单的业务出现了差错，返工或者赔钱的数量也比较少，不至于给公司带来毁灭性的打击。

因此，公司运营者不能只把眼光盯在大订单上，而对小订单不屑一顾。正确的做法应该是采取订单组合法，即按照一定的比例承接大订单和小订单。

公司究竟该接多少大订单、多少小订单，是由公司的规模及实际发展状况决定的。因此，要使用这个谈判技巧，公司运营者就需要对公司各方面的情况有一个大致的了解。

14.5　账期组合法：平衡长账期与短账期

先签单建立合作关系，等到产品售出后再进行结算，这是如今大多数公司与公司，或者公司与商家之间的合作方式。日常消费品或者损耗量较大的产品，它们的结算周期较短，资金在短时间内可能回笼。但是，诸如电视、空调等大宗商品，它们难以在短时间内被大量售出，这就意味着资金无法在短时间内回笼。如果长期面临这种情况，公司的发展就会受到影响。

公司运营需要资金，产品研发更需要大量的资金。如果资金长期被合作方占据，这样的合作方式就有失公平。公司运营者应该明确其中的利害关系，不能盲目地接受这种合作条件。在挑选合作对象时，考虑到公司的长远发展，公司运营者可以使用账期组合法，即按照一定的长账期与短账期比例接单。

在长账期下，资金回笼的速度较慢，合作对象需要经过较长的时间才能支付账款。短账期则刚好相反，合作对象可以在较短的时间内支付账款。显然，短账期能够保证公司的现金流、资金链处于正常状态，能够满足公司正常运营的需要。在短账期订单数量合理的前提下，公司可以接一些长账期订单。

至于长、短账期的具体接单比例是多少，并没有一个准确的数值或规定。因为这个比例与诸多因素有关，如公司的资金状况、行业性质、技术水平、所处的发展阶段等。每个公司在这些方面的具体情况都是不同的，因此公司运营者需要具体问题具体分析。总之，总的原则就是短账期订单至少要能满足公司的正常运营所需，在此基础上，公司可以接一定的长账期订单。

使用这个谈判技巧的前提是，公司运营者能透彻地了解公司各方面的情况，并且能较为准确地预估公司在未来一段时间内的发展状况，以及发展所需的经费。当然，公司运营者也可以在谈判开始之前，特意对这些方面的内容进行仔细、全面的估计和分析。

14.6　急慢组合法：平衡加急订单与普通订单

根据订单的性质，除了将订单分为大订单和小订单，还可将订单分为加急订单和普通订单两种。显然，加急订单对时间的要求比较高，会给公司的业务进度带来较大的压力。普通订单则不一样，它对时间的要求比较低，给公司的业务进度带来的压力也较小。

加急订单有明确的时间限制，对时间的要求较高，但其带来的收益较多。普通订单的情况则刚好相反。如果仅仅从收益情况来看，那么公司应该多接加急订单。但事实并非如此，加急订单在给公司带来更多收益的同时，也给公司带来更多的责任和压力。

　　由于加急订单带来的压力较大，因此如果公司的这类订单过多，就会给员工带来较大的压力（因为公司的业务最终是由员工来完成的）。而且，加急订单还有可能涉及员工加班的问题。如果让员工经常性地加班，就会引发员工的不满情绪，可能导致员工罢工或离职。

　　公司和员工应该是共生的，没有员工，公司的业务就无法被完成，公司就无法正常运营。因此，公司在考虑自身利益的同时，还应该考虑员工的利益和感受。否则，员工就可能产生不满情绪或者反抗行为。

　　可能有人会说，在这些员工离职后，公司还可以再招聘新员工。且不说公司无视员工的利益会在业界形成不好的口碑效应，即使公司招聘到了新员工，也还有试用、磨合的过程。在这种情况下，不要说加急订单，就连普通订单的效率也无法得到保证，随之而来的问题就是公司面临违约赔偿。因为加急订单的价格更高，所以公司运营者在签订合作合同时也会同时签订违约赔偿合同。这样看来，公司的做法是得不偿失的。

　　事实上，公司运营者在进行商业谈判时如果采用急慢组合法，就能有效地解决这个问题。公司运营者根据公司的实际运营状况，按照一定的比例接加急订单和普通订单，这样既能保证公司盈利目标的实现，又能照顾到员工的感受，增强团队凝聚力，从而提高工作效率。

第 15 章

利润率：让公司更赚钱的秘诀

利润率是剩余价值与全部预付资本的比率，是剩余价值率的转化形式。利润率反映了公司在一定时期内的利润水平，既可以检验公司利润计划的完成情况，又可以对各公司之间和公司自身不同时期的经营管理水平进行比较，以找到公司存在的问题，提高经济效益。因此，通过提高利润率，创业者同样可以找到成功之道。

15.1 谁说创业小白不能实现高利润率

有的创业者常说："我从事的行业是'夕阳'行业，因此公司的利润率很低，行业平均利润率只有3%。"这样的说法是有问题的，每个行业都有利润率高的公司。以互联网行业为例，阿里巴巴、腾讯、百度等大型互联网公司的利润率都很高，但这个行业的平均利润率很低。

很多传统行业的创业者认为传统行业的利润率最多只能达到 5%，但实际上依旧有一些公司的利润率高达 35%，甚至 45%。

某耗材公司主营各类打印耗材，包括硒鼓、墨盒、碳粉等。它的销售方式是通过批发商、代理商和自营店面进行销售，年销售额约为 300 万元，但利润率很低，只有 3%。

随着行业竞争的日渐激烈，该耗材公司面临着转型困境。目前我国有很多这样的传统公司，它们的发展远远落后于目前的智能化、网络化大趋势。而该耗材公司面对的困境是除某品牌的原装硒鼓外，硒鼓市场极少有其他公认的品牌。

曾经有同行试图通过新的营销策略推广自己的品牌，但效果甚微。普通消费者对硒鼓的需求量小，而大量需要硒鼓的公司或机构大多是通过招标采购的。因此，广告投入对提高销量的作用不大。

该耗材公司尝试了很多转型的方法，如取消中间商，改为直营或电商渠道；延长服务链条，开辟打印机维护维修业务等，但最终都因行业特点、自身资源和能力有限等因素失败。在走了一圈弯路后，该耗材公司痛定思痛，沉下心来进行分析，决定从用户需求的角度挖掘创新空间。

通过研究用户构成，该耗材公司发现占硒鼓使用量70%的客户是那些打印量大的单位，如银行、保险公司等，而这些单位负责物资采购的通常是行政部门。真正的使用部门从产生需求到实际拿到硒鼓，至少要经过一周的时间。而且，行政部门和使用部门还要腾出专门的空间来存放这些硒鼓，产生了一定的库存费用。

该耗材公司根据这一现状改变了销售方式，改由独立经销商推测时间点主动上门为客户补货。这样一来，客户就不需要库存，也不用建立出入库程序，可以节约不少时间和资源。

该耗材公司还设计了一个产品箱，在箱内装上一个月用量的硒鼓，同时在每个硒鼓上都贴上条形码，客户在使用新的硒鼓之前需要扫一次条形码，之后该耗材公司就能收到使用消息。该耗材公司每隔一周上门服务一次，为客户及时补货，回收坏了的硒鼓，检修未使用的硒鼓。

紧接着，该耗材公司又与第三方公司开展推广合作，在箱内配上第三方公司的宣传单、优惠券、试用装等，从中收取配送服务费，使这个产品箱变成一个销售渠道。这既为该耗材公司带来了额外收入，又为客户带来了惊喜。该耗材公司有了这些额外收入，就可以下调硒鼓的价格，获得竞争优势。

通过对用户进行分析，结合实际需求，不断创新，该耗材公司最终实现了转型，找到了自己的解决方案与新的价值空间。很快，它的利润率就超过了10%，走出了困境。

从这个案例中我们可以看出，利润率不是由行业决定的，而是由公司的能力决定的。公司的能力越强，其竞争者就越少，盈利水平就越高。因此，即使是一个创业小白，没有太多资源和渠道，但只要放宽眼界、敢于创新，也能实现高利润率。

15.2 成本的30%都可以被砍掉

一个公司要想实现高利润率，可以采取两种方法：一是增加收入；二是降低成本。对公司而言，降低成本可以大幅提升利润率，而且降低成本也是在减小风险。

那么，创业者应如何砍掉30%的成本？方法如图15-1所示。

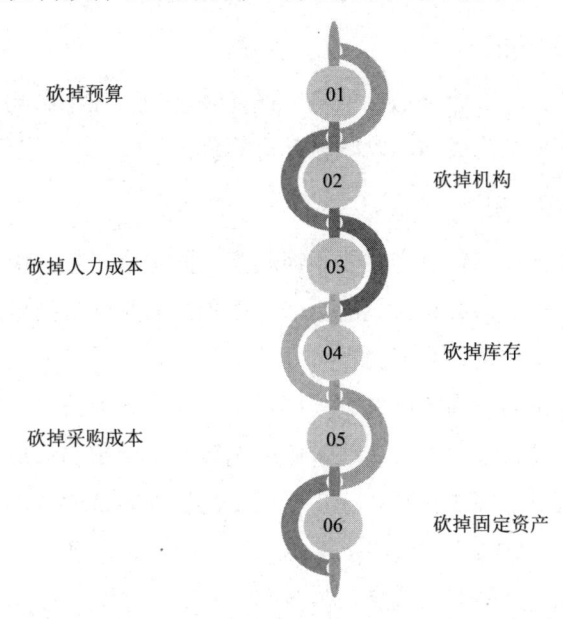

```
01 砍掉预算
02 砍掉机构
03 砍掉人力成本
04 砍掉库存
05 砍掉采购成本
06 砍掉固定资产
```

图15-1　砍掉30%的成本的方法

1. 砍掉预算

创业者要制定预算制度，分析预算的科学性，砍掉不必要的预算，同时要保证预算制度具有法律效力。

2. 砍掉机构

创业者在砍掉机构时要快刀斩乱麻，同时要引导全体员工参与进来，引入"利润导向、客户导向"的理念，组织全体员工进行学习和研讨。创业者要重组产品研发、销售、订单交付这三大流程，将机构设置扁平化，不设副职，明确职责。创业者还要减少组织机构层次，对每个岗位进行量化，把每个部门都变成利润中心。

3. 砍掉人力成本

创业者要给公司的每个员工都设定明确的目标，将工作任务量化，进行明确的考核，减少人力浪费。

4. 砍掉库存

创业者要设定最低的库存标准，尽量做到零库存；循环取货，与供应商保持通畅的沟通；与供应商建立良好的关系，确保优先送货等。

5. 砍掉采购成本

创业者要关注3个核心：业务、产品及客户，在不影响公司正向发展的前提下，适度地砍掉采购成本，以减轻公司的负担。

6. 砍掉固定资产

创业者在砍掉固定资产时要干净利索。固定资产会占用公司大量的资金，不管使用与否，每天都会有大量的折旧与磨损。而且随着技术的升级，固定资产也会产生更多的维护费、修理费。

连续多年位列世界500强公司的沃尔玛和我国的公司有很多共性：劳动密集型公司、没有高科技的外衣、追求低成本等。对沃尔玛低成本运作的研究可否为我国的公司提供一些经验呢？沃尔玛是如何砍掉多余的成本的？沃尔玛主要有4个方面的经验可供我国的公司借鉴。

（1）从上到下的节约观念。

沃尔玛没有华而不实的办公场地、办公设备，始终坚持"合适的才是最好的"。每到销售的旺季或者节假日，沃尔玛的经理们都会穿着西装在销售一线直接为客户服务，而不是像其他公司那样增加员工或者招聘临时工。节约是沃尔玛自创立以来一直保持的一种观念和传统。

（2）直接采购。

沃尔玛绕开中间商，直接从工厂进货，大大减少了进货的中间环节，为降低采购价格提供了更大的空间。因为每经过一个中间商，价格就要高几个百分点，甚至十几个百分点，而避开中间商就能把这些支出从成本中挤出来，从而使沃尔玛在进货方面比其他竞争对手更有优势。

（3）统一配送。

沃尔玛实行统一订货、统一分配、统一运送的模式。为此，沃尔玛建立了配送中心，每个分店只是一个纯粹的卖场。供货商将货物送到配送中心之后，配送中心在48小时以内将装箱的商品从一个卸货处运到另一个卸货处，商品不会在库房中停留很长时间，这种类似网络零售商"零库存"的做法使沃尔玛每年可以节省数百万美元的仓储费用。

（4）运用高新技术，有效协调货物配送。

沃尔玛投入4亿美元，发射了一颗商用卫星，实现全球联网，以先进的信息技术保证高效的配送。通过全球联网，沃尔玛总部可以在一小时内全部清点一遍全球几千个分店的每种商品的库存量、上架量及销售量，迅速掌握销售情况，及时补充库存，减少存货，降低资金成本及库存费用。

从沃尔玛的案例中我们可以看到节约成本对公司而言到底有多大的效用。创业者要把多余的成本砍掉，不断向员工灌输降低成本的重要性，让全员参与并树立节约意识，将降低成本与公司发展密切联系在一起，最终实现高利润率。

15.3 向上下游延伸，挖掘新的利润区

创业者要想发现利润区，必须以利润为中心进行公司战略规划，同时要具备区分无利润区与利润区的能力。这就要求创业者延伸自己的产业链上下游，挖掘利润蓝海。在发现利润区后，创业者要调整商业模式，以便寻找新的利润区，获得持续增长的动力，实现"弯道超车"。

罗先生是某自动化公司的CEO，自2018以来，他明显感觉到机器人产业在降温。前两年，工业机器人产业狂飙突进式发展，如今机器人产业的发展开始减速，进入平稳发展期。与之前相比，机器人产业表面看似已经降温，实际上是创业者和资本正变得更加理性，开始从长远的角度考虑行业的发展前景。

而像罗先生所在的掌握了机器人核心技术的自动化公司，在市场重新洗牌之后，成为真正的受益者。该自动化公司主要致力于机器人核心部件——编码器的研发和生产，2018年的业绩突破了2000万元。

在机器人产业进入平稳发展期后，该自动化公司开始积极寻求新的发展路径——围绕核心技术向机器人产业链上下游延伸，挖掘行业的利润蓝海。

伴随着业绩的高速增长，该自动化公司也在调整自身的经营战略。在调整之前，该自动化公司的业务只有编码器的研发和生产，而如今，它围绕编码器，向产业链上下游扩展。

就在2018年下半年，该自动化公司成功研发了一款编码器专用芯片。在这之前，该自动化公司研发的产品搭载的都是国外的芯片，而如今搭载其自主研发的芯片的编码器产品已经问世，这不仅降低了其产品成本，还增强了其市场竞争力，

实现了利润高增长。

除了自主研发专用芯片，该自动化公司还开始往产业链下游延伸。2019年1月，该自动化公司推出了面向五金行业的机床，这款机床所使用的就是该自动化公司自主研发的编码器。

今后，该自动化公司将直接面对其他终端机器人应用公司，它的优势也将更加明显。罗先生说："机床的核心部件是编码器，我们自己研制出编码器，并将其安装在机床上，不仅可以保证质量，还不用从市场上购买，这意味着我们的市场价是其他厂商的成本价，所以我们的价格优势更加明显。"

通过延伸产业链上下游，该自动化公司成功地找到了行业的利润蓝海，在同行业的其他公司还在发展机器人产业时，它已先人一步，占据了主动权。

在我国的商业环境中，公司要想走出来，不仅需要依赖更多的要素（既包括产品、技术、销售、服务、管理能力，又包括财务水平等），还需要在组织机能上具有更强的扩张性。如果一个公司在每个方面上都人才济济，就会拥有较多优势，并能不断地降低成本，实现高利润率。

第 16 章

现金流：公司生死存亡的命脉

公司就像一个人，人能生存的前提条件是血液循环顺畅，对公司来说，现金就是公司的血液，现金流就是公司的血液循环。公司要想生存，并正常开展生产经营活动，就必须保证现金流顺畅。

16.1　180 天生存线

如今，越来越多的公司陷入经营危机，其中大多数都是因为现金流出现了问题。现金流一旦断裂，若不能尽快解决，公司就将面临倒闭。

公司的运作必然离不开资金，负债、产品、支出、人工等都需要资金，资金的流动支撑着公司的发展。买原材料需要资金，给员工发工资需要资金，开展营销活动也需要资金。应付账款的付款方式有日结、周结、月结等。公司需要的资金大部分都是月结，甚至以季度为单位进行结算，这就引出了一个概念，公司的 180 天生存线。

什么是公司的 180 天生存线？简单来说，就是公司现有的能使用的现金流量能满足公司不少于 180 天的运营，这 180 天不是上限，而是底线。这条线就是一条用于提醒创业者的黄线，一旦触碰到这条线，创业者就要提高警惕。

2019 年 1 月，某纸业公司倒闭，资金链断裂，公司拖欠员工 3 个月的工资，导致工人罢工并堵门讨要工资，供应商也堵到公司门口。据供应商反映，该纸业公司倒闭是因为欠了 1.9 亿元的外债，法人挪用资金投资了某高速公路的建设，才导致公司现金流断裂。

无独有偶，依旧是 2019 年 1 月，某包装制品厂的老板"失联"，公司陷入停产状态。据知情人士透露，该包装制品公司在前段时间就出现过主要原材料缺货的情况。公司停产、老板"失联",是由于老板在前期投资房地产,建了一栋9层楼房,结果资金未能在预期时间内回流,从而导致公司现金流断裂。

该纸业公司是将公司正常运作的资金挪为他用;而该包装制品公司是老板多元化经营,投资房地产,导致资金链断裂。这两个案例告诉我们,不管什么时候,也不管有什么样的野心,创业者都要为自己的公司保留180天的现金流,因为这是公司的生存线。

有了这180天的缓冲期,公司即使面临资金危机,也有时间去寻求融资或合作伙伴,这样就有机会把公司救活,而不是在面对危机时毫无招架之力。

公司的持续经营需要现金流,现金流是保证公司生存的前提条件。

当公司面临180天生存线时,公司就应该开源节流,减少支出,无论是裁员还是寻找合伙人,都要以保证公司能生存下来为主。

16.2　90天死亡线

现金流危机犹如公司内部的毒瘤,会使公司陷入绝境。除了180天生存线,还有一条90天死亡线,这是一条不可触碰的红线。一旦公司的现金流只能支撑公司90天的运营,就代表公司开始了死亡倒计时,这时创业者要利用一切办法解决导致公司出现这种情况的问题。

公司为什么会出现现金流危机?有以下3个原因。

1. 只注重机遇而忽视现金流

在公司管理方面,创业者一定要保持冷静,理性对待。虽说抓住机遇可以很快地将公司做大、做强,但并不是所有的机遇都能实现盈利。

2. 市场突变,陷入资金危机

很多时候,公司的现金流出现问题都是因为市场发生变化,可能是政策调整,也可能是新技术替代旧技术,还可能是产品的生命周期从成熟期走向衰退期。

3. 投资不善,陷入资金困境

对公司而言,多元化发展是指创业者把"鸡蛋"放在多个"篮子"里,公司一旦在某个经营领域出现问题,就可以依赖在其他领域的发展来规避经营风险。但多元化也存在缺陷,容易导致组织机构臃肿,管理难度加大,一旦投资不善,就可能使公司在多个领域都失去竞争优势。当外界环境发生剧变时,公司要承受来自多个方面的压力。

创业者如果一直"不务正业",一旦多元化战略不当,就不仅会对新事业的发展产生影响,还可能影响原有事业的发展,甚至影响整个公司的发展。

当公司真的遇到 90 天死亡线时,创业者该怎么办?4 个字:开源节流。在不影响公司运营、合法合规的基础上减少员工支出,为公司赢得一些生存时间,同时加快速度找到合适的合伙人或者投资人,为公司注入新的资金。

如果公司遇到了现金流方面的问题,那么创业者最好大刀阔斧地砍掉拖垮公司现金流的项目,收紧财务支出,保留主营业务,在内发展自己,以求重获生机。

16.3 加强现金流管理

在明确了现金流的重要性后,创业者还要加强公司的现金流管理。那么,创业者具体应该怎么做呢?

1. 编制现金预算,加强资金调控

现金预算是现金流管理的主要内容。通过现金预算,创业者可以掌握现金流入、流出的情况,及时补足现金余额。创业者要按收入提取一定比例的准备金,以便预防经营风险,避免公司出现现金流断裂危机。

2. 建立并健全现金流财务管理制度

创业者要严格管理每一笔应付款及预付款,并进行严格的预算、核算,用制度来保证资金的收支平衡。

3. 加强对现金流的管理

在不同时期,公司的现金需求量会出现较大的且难以预知的变化。为了更好地利用现金,创业者可以按照经验和公司的实际发展情况,确定公司的现金额度,从理论上接近上限。

4. 现金流财务管理信息化

电子信息和大数据等技术的发展为公司的现金流管理提供了更为便利的条件。为了实现公司的长足发展,创业者要及时更新财务管理方式,利用现代化数据信息,降低财务管理成本,提高管理效率。

现金流财务管理信息化不仅可以提高现金流信息的传递效率,还可以增强现金流数据的收集分析能力。

5. 融资渠道多元化

多元化的融资渠道为公司提供了多个获得充足现金流的渠道，降低了公司现金流断裂的可能性。

6. 提高管理人员的现金流管理意识

现金流是否合理流动，最终取决于管理人员，因此公司要及时培训和更新管理人员的财务知识，提高其现金流管理意识。

有一个发展势头非常好的商业公司，却在账面利润率达到20%的情况下倒闭了。原因是该公司的现金流出现了问题。因为该公司到期不能偿还债务，所以最终在债权人的请求下，该公司进行了破产清算。

直到现金流断裂，该公司都没有察觉到现金流出现了问题。由此可以看出，该公司的管理人员并没有现金流管理意识。

相比较而言，某科技公司就非常重视现金流的管理。该公司的规模较大，每天用于技术与设备的现金支出非常多，但该公司的现金流非常充足，原因在于它大量利用了现金流时间差。每天在银行下班之前，该公司的财务部门都会将所有资金都转到该公司的总账户上。在第二天早晨，财务部门就能根据这笔资金总额，对资金进行合理的分配，如今天要去采购设备，要花多少钱。财务部门凭借已批复的申请单直接将资金划拨给相应的部门。

这样既做到了控制现金总量，又把控了整个资源。同时，该公司每周都会公布一次现金流量表，对现金流入和流出明细进行汇总。

从这两个案例中我们可以看到，对公司而言，现金流管理的重要性甚于公司的日常管理。

第 5 篇

规模化发展篇

第 17 章

塑造品牌：品牌是产品更值钱的保障

品牌代表的不仅仅是产品，还有产品溢价，如信用溢价等，为什么很多外国品牌的产品，明明是"Made in China"（中国制造），但从外国买回来其价格却翻了十几倍，甚至几十倍？这就是品牌所带来的产品溢价的价值。

品牌意味着高质量、高信誉、高效益、低成本，既是公司的无形资产，又代表着公司的形象。用户在选择一个没有使用过的产品时，经常会因为这个产品的品牌而选择该产品，这足以看出品牌对用户、产品、公司的影响之深。

17.1 创始人站台：为自己代言，打造创始人 IP

无论是传播品牌，还是宣传产品，都需要一个庞大的纵深体系。创业者需要花费很多时间和精力，构建一个全新的体系和风格，用于和目标群体沟通。那些看似有"温度"的品牌，实际上只是一个抽象的符号，无法形成一个有血有肉的画像。而品牌或多或少地都会打上创始人的烙印，包括他的思想、性格、作风等。

同类的产品有很多，但创始人是唯一的，唯一性是提高品牌辨识度的好方法。创始人、品牌、公众这三方互动总能掀起舆论的高潮。很多人说，离开品牌的传播都是空谈，但是如果没有创始人，那么恐怕连品牌都不会存在。

为什么创始人站台对宣传品牌如此重要？

1. 创始人是品牌的缔造者和传播者

不少大型公司是以创始人的个人品牌起家的，如福特、迪士尼、松下电器等，这些品牌既是创始人的姓氏，又是公司的 IP 标识。

无论是谷歌、苹果还是阿里巴巴、华为,它们的创始人都是商界的创业明星,拥有极高的关注度。这些创始人借助粉丝效应构建个人影响力,传播自己的个人品牌与商业认知,以塑造品牌。

2. 创始人的形象为品牌贡献"温度"

在一般情况下,与打造产品品牌相比,打造创始人的个人品牌更容易一些,因为个人品牌更加感性、更加形象、更加立体。一个产品品牌无论通过何种方式构建品牌形象,都不如让一个活生生的人站在用户面前显得真实。因此,从构建品牌形象这个维度来说,创始人站台能够使品牌更具有辨识度。

说到国产手机,很多人就会想到小米,想到"为发烧而生",想到雷军。这不仅因为雷军是互联网思维的开创者、国产手机革命的先锋人物,还因为外界对雷军个人精神的认可。同时,贴在雷军身上的重要标签还有"创新""勤奋"等。雷军身上带有的标签使得小米这个品牌自带光环,富有强烈的个人主义色彩。

雷军本身就是一个手机发烧友,他曾在微博上公布他玩过的手机有上百款之多。在小米公司创立之初,雷军就给自己贴上"发烧友"的兴趣标签,以此与这一群体站在一起,宣告小米这个品牌就是要提供高性价比的产品。

雷军将"让用户尖叫"作为衡量产品的第一准则,如果手机配置不能让用户尖叫,那么价格一定要让用户尖叫。例如,红米手机在被发布前,其配置参数就被提前曝光,市场预期价格是 999 元,但最终发布的价格为 799 元,结果就是红米手机在当时长期处于供不应求的状态。

在让创始人为品牌站台时,创业者注意尽量不要采用硬广告的方式推出品牌。即使公司的创始人非常有名,他在推荐品牌时,也要尽可能采用软广告植入的方式。创始人生硬地推荐自己的品牌,只会引起消费者的反感。

17.2 建立官方网站:给客户一个与品牌对话的渠道

由于地域等因素的限制,客户如果想要更多地了解一个公司或品牌,通常就会选择在互联网上搜索相关信息,但又因为互联网信息具有海量性特点,客户通常最先选择的了解途径就是公司的官方网站(以下简称官网)。

基于客户的这个心理,很多公司在成立之初,就会想尽办法通过网络包装自己,打造自己的网络品牌。但实际上,这些公司大部分都是互联网公司或者知识型公司,如今依旧有很多传统公司没有这方面的意识,或者无从下手。

那么创业者该如何建立公司的官网？方法虽各有不同，但核心要点只有 3 个，如图 17-1 所示。

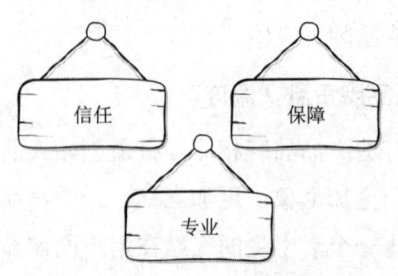

图 17-1　建立公司官网的核心要点

1．信任

创业者可以将一些良好的客户体验或实际案例上传至公司官网。这些客户体验或实际案例会让客户觉得公司比较可靠、可信。

除此之外，创业者还可以在公司官网上详细介绍公司的信息，如公司的发展历程、主营业务、远景使命及相应的新闻和动态等，这有助于提高客户对公司的信任度。

客户对公司产生信任的基础是公司在市场监督管理局做过备案。创业者可以在公司官网上添加一些有名的合作商名称、图标，还可以申请百度官网、360 官网等平台认证，在申请成功后，认证标志会在搜索结果的突出位置被显示。客户单击认证标志，就能查看具体的公司认证信息，这对客户而言可信度更高。

2．专业

创业者可以在公司官网上展示公司的证书和荣誉，体现公司的专业实力。除此之外，创业者还可以在公司官网上介绍公司的实力及产品的优势，凸显自身的专业性，这样做一方面能提高客户对公司的信任度，另一方面能扩大品牌的影响力。

3．保障

创业者一定要做好售后服务，因为客户需要的不仅是信任，还有与产品相关的其他东西。创业者除了要在公司官网展示自己的产品，还要做好售后服务，这是客户在购买产品之后应得到的保障。

创业者可以在公司官网上设置留言表板块，创建表单。表单的形式有很多种，如调查表单、投票表单等。通过留言表板块，创业者可以处理用户遇到的问题及反馈的意见。

周先生是一个金融科技公司的创始人。该公司创建于2016年，主要的服务区域是二、三线城市，最初的主要业务是贷款服务。2017年，该公司的发展有些艰难；2018年，该公司的发展相对平稳，规模以2~3倍的速度增长；2019年，该公司实现了4~5倍的增长速度，虽然比不上其他金融科技公司动辄10倍、20倍的增长速度，但也能稳步发展，有所盈利。周先生是如何获得客户的信任，实现业绩增长的？

周先生一开始就意识到，很多人不相信贷款服务，为了解决这一问题，他邀请专业团队为自己的公司打造官网。他在公司官网上不仅详细介绍了公司目前的经营状况，还展示了公司的大事记，如参加的峰会、获得的奖项等。除此之外，他还在公司官网上安排了人工客服，及时为有需求的客户提供咨询服务。

周先生凭借公司官网，平稳地度过了第一年的困难期。而后，他组建了属于自己的公司官网建设团队，用于维护和运营公司官网，做搜索引擎优化，实现了每年的业绩增长。

公司官网是一个公司的门户，是品牌的支撑力量，因此创业者一定要注重公司官网的打造，抓住核心和重点来实现品牌塑造。

17.3 行业大咖背书：KOL推荐，品质有保证

为什么要找行业大咖为品牌背书？因为行业大咖具有普通人没有的权威性和专业能力，这种权威性和专业能力可以提高品牌的可信度，让人信服。

创业者寻找行业大咖，利用其专业形象给自己的品牌背书，可以赢得客户的信任。但大咖也分不同的级别及类别，创业者按自己品牌的实际情况去邀请大咖即可。

找行业大咖为品牌背书，可以提高品牌的可信度与说服力及品牌购买力。但创业者还应注意一些风险因素，要明确以下4点内容。

（1）行业大咖依靠其专业性取胜，并非吸引力或其他因素，因此行业大咖的说辞必须具有专业性。

（2）搭配理性的诉求方式，符合行业大咖严谨、内行的符号特征。

（3）让多个行业大咖为自己的品牌背书，形成行业大咖背书效应。

（4）行业大咖要与品牌特性相匹配。

如今，国货美妆品牌完美日记深受广大用户的喜爱。为什么完美日记能够火爆起来，赢得客户的信赖？其中一个重要原因就是有 KOL（Key Opinion Leader，关键意见领袖）为完美日记背书。除了邀请明星为产品代言，完美日记还与当红主播李佳琦合作，借助李佳琦的直播宣传品牌。李佳琦曾在直播间里多次宣传、销售完美日记的产品。而作为美妆行业颇具影响力的 KOL，李佳琦的宣传为完美日记带来了大量的客户。通过李佳琦的背书，完美日记不仅获得了更多的关注，还获得了客户的信任。

行业大咖的权威性与媒体不相上下，只是二者的表现形式不同。创业者在选择行业大咖时同样要谨慎，以免选到不合适的人，带来不好的效果。

17.4 媒体背书：权威认证，消除客户疑虑

如今，媒体逐渐成为树立公司形象、打造产品品牌的重要资源。创业者可以将与品牌相关的内容发布在主流平台上，让更多的人看到。

创业者若想打造自己的品牌，一种有效的方法就是让媒体为自己的品牌背书。借助媒体的光环效应，成就自己的品牌。为什么要让媒体为自己的品牌背书？因为媒体有两个优势。

媒体的第一个优势是权威性。例如，中央电视台，它第一媒体的地位在我国消费者的意识中已经根深蒂固了。如果品牌的广告能在中央电视台播放，那么大多数消费者会认为该品牌是可信的。

这就是让中央电视台为自己的品牌背书。除中央电视台外，还有一些地方电视台也能让消费者产生信赖感，同样拥有强大的影响力。

从公司的角度来看，这些媒体已经脱离了纯粹媒体的角色，具有双层角色和功能：一是更大范围地发布准确、有效的信息；二是提供了强大的背景支持力量。公司就是希望通过媒体为自己的品牌背书，得到巨大的背景支持力量。

在个性化凸显的时代，背书效应不仅有"光环"，还有"标签"。越来越挑剔的消费者更加相信符合其自身个性，即"对脾气"的媒体。

媒体的第二个优势是多元化，主要表现为渠道的多元化。在选择媒体时，创业者需要考虑投入产出比的问题，小媒体的费用低但效果一般，大媒体的费用高但效果好，具体选择哪一种，创业者需要认真权衡。就影响力与权威性而言，可

能小媒体的多次传播也比不上大媒体的一次深度报道。

不同行业所选的媒体不同，就互联网行业而言，科技类媒体才是创业者应关注的重点。目前的科技类媒体分为3类。

第一类包括36氪、钛媒体、虎嗅。这3家媒体是科技类媒体的巨头，影响力非常大，具有强推力。但在一般情况下，这3家媒体为了保证平台的专业性，不会在内容方面与创业者进行商业合作。

第二类包括亿邦动力、亿欧、品途、速途等。这些媒体的流量不少于第一类媒体，只是在内容纯度上略逊一筹，但也具有一定的专业性和权威性。相对于第一类媒体，这些媒体的合作方式较为灵活，创业者可以选择年度打包合作。这些媒体会提供专项服务，性价比较高，服务的针对性也更强。

第三类则是媒体PR（Public Relations，公共关系）发稿。这是公司可以掌握主动权的发稿。

互联网公司或科技型公司在选择媒体时，要综合考虑这3类媒体：第一类媒体的影响力较大、权威性较高，可以作为重点选择对象；第二类媒体的受众面广，可以作为传播助推，配合第一类媒体，扩大传播面；第三类媒体可以从多个角度深度解读公司，在公司获得关注后，客户可以通过搜索更详尽的信息来了解公司。

第 18 章

资源整合：连通上下游，获取资源

随着人工智能、大数据、云计算等技术的发展，整合资源，打通上下游产业链，成为公司发展的一个必然趋势。无论是信息产业链还是技术产业链，创业者只要能打通整个产业链的上下游，就都能更好地降低成本、提高效率。

18.1 整合资源，补齐资源短板

在整合资源之前，创业者要先弄明白以下两个问题。

第一个问题是为什么要整合资源？创业者整合资源是为了补充自己缺少的能力与资源。在创业阶段，创业者缺少的东西有很多，如资金、员工等。但创业者缺少的真的就是这些表面上的东西吗？并不是。缺少资金的本质是没有优质的合作对象、好的项目及运作团队；缺少员工的本质是没有整合众多人才的方法和策略，无法将这些人才为自己所用。

第二个问题是什么是整合资源？整合资源即整合创业者所拥有的，找到下家；明确创业者所缺少的，通过资源整合找到需要的上家。

创业者要实现现有资源的利益最大化，用自己拥有的资源换取自己缺少的资源，或者以最小的代价买回自己缺少的资源。创业者将资源共享，缺少什么资源就整合什么资源，即使最后不为自己所用，只要当下对公司的发展有所助力也可以。

至于自己缺少什么资源、想要什么资源，创业者可以通过以下两种方法来判断。

1. 找出所需的上下游资源

假设创业者的公司是制造公司，公司的上游需要的是产品研发、原材料等资源，下游需要的是客户、品牌、物流等资源，这些相配套的上下游资源就是创业者所需的资源。

2. 列出资源表，看看自己需要什么

创业者在公司发展的过程中，需要的资源包括客户群体、技术、品牌与渠道、产品、人力、资金与设备等。但以上这些资源不是每个创业者都拥有的，创业者即使拥有以上资源，也很难均衡，因此创业者要做的就是找到自己所拥有的更有优势的资源来弥补自己的劣势。创业者将这些资源列成一个资源表，能让自己直观地了解自己在某个阶段进行资源整合的重点是什么。

除了要列出缺少的资源，创业者还要在资源表中为自己的资源定性，方可制定运用资源的方案，实现资源价值最大化，找到自己需要的资源在哪里，明白怎样才能将资源为己所用。

牛根生在离开伊利之后，并没有一蹶不振，而是用了数年时间使蒙牛成为全球液态奶冠军、中国乳业总冠军。蒙牛的产业链上游是股民、消费者，下游是奶农、产品运输等。

牛根生在初创蒙牛时，没有市场、没有工厂、没有奶源，什么都没有，但他依旧成功了，他是怎么做到的？在创建蒙牛时，牛根生把他当初在伊利学到的管理制度及竞争意识都复制到蒙牛身上。面对伊利的强势竞争，牛根生一开始就提出"向伊利学习"的口号，表示要向伊利学习，从而获得发展空间，快速建立自己的产业链。

牛根生将工厂、政府农村扶贫工程、农村信用社资金等资源整合在一起，公司没有运输车，他就整合个体户买车；员工没有宿舍，他就将政府、银行、员工这3个资源整合在一起建宿舍。农民用贷款买牛，蒙牛用自己的品牌为农民产出的牛奶做包销保证。就这样，整个北方地区几百万个农民都在为蒙牛养牛。

创造资源可能需要几年、几十年，甚至需要几代人的积累与摸索，而通过整合资源，创业者能在最短的时间内整合几十个甚至几百个资源，为公司的发展带来更大的机遇。因此，对创业者而言，通过整合资源来补充自己所缺少的资源，无疑是实现公司发展目标的重要手段。

18.2 资源整合的 4 个阶段

要想实现最高效的整合，达到最好的整合状态，创业者就要对资源整合有充分的了解。资源整合分为 4 个阶段，如图 18-1 所示。

初级阶段：
1+1=2

中级阶段：
1+1>2

高级阶段：
1+1=11

顶级阶段：
1+1=王

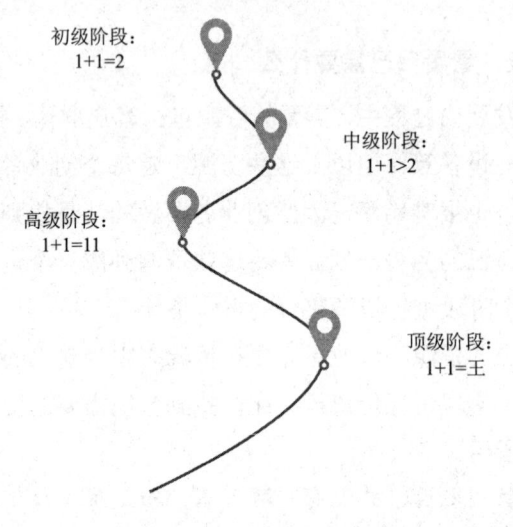

图 18-1　资源整合的 4 个阶段

1．初级阶段：1+1=2

在初级阶段，创业者要做的是寻找一个合作伙伴，两个人合作，利用双方的资源来发展公司，实现盈利。

如果在整合资源后无法发挥"1+1=2"的效果，综合效益就会很低。由此，我们可以总结出"1+1"是一种整合，如果它能发挥"1+1=2"的效果，创业者就进入资源整合的初级阶段。

2．中级阶段：1+1>2

在中级阶段，创业者利用双方的资源实现盈利，双方需要相互交换方法和策略。

一个主营物业管理的民营公司曾与一个物业服务公司合作过一些小项目，双方有一定的合作基础。由于双方都属于没有开发商或其他背景做依托的市场化物业服务公司，而且，2018 年两个公司的发展情况都不好，为了在竞争激烈的市场中获得更好的生存和发展空间，两个公司经过多次讨论，最终决定由主营物业管理的民营公司并购这个物业服务公司，双方坚持融合发展的策略，彼此借鉴对方的优点，整合彼此的资源，相互协作，共同进步。

在 2018 年中国物业管理协会开展的行业综合实力百强公司评选中，这个主营物业管理的民营公司在行业内名列前茅。这就是"1+1>2"的资源整合效果。

3. 高级阶段：1+1=11

某礼品公司新签约运营了一个知名品牌。之后，该礼品公司大胆地进行了组织变革，拿出全部产品，与区域内的优质礼品商一起成立新的营销公司，重新组建团队。这一举措使十几家主流的礼品商都加入这个新的营销公司，实现了"1+1=11"的整合效果。这些礼品商既是公司股东，又是产品代理商，他们互相监督，相互比拼。仅用了两年的时间，该礼品公司就在省内市场占据了优势地位。

经过这一阶段的资源整合，创业者不仅要赚钱，还要整合更深层次的资源。要实现这一阶段的资源整合，创业者就要明白整合不是榨取原有的资源价值，而是让资源再生。

4. 顶级阶段：1+1=王

为什么顶级阶段是"1+1=王"？正如格力电器的两任董事长朱江洪与董明珠。在董明珠加入格力电器时，朱江洪是格力电器的掌舵人。董明珠在加入格力电器后，从一个销售员做起，而后格力电器下调业务人员的业绩提成，致使业务骨干集体请辞，但董明珠并没有离开。朱江洪将经营部部长一职交给董明珠，随后朱江洪又推荐董明珠担任销售部副总经理的职位。在朱江洪成为格力电器的董事长后，他又力荐董明珠接任总经理一职。

朱江洪在技术和管理上具有优势，为人低调，董明珠精通销售与市场，为人高调，他们互补互辅，将格力电器推向了行业龙头的宝座，这就是"1+1=王"。在这一阶段，创业者除了要学习方法，要赚钱，获得各方资源，得到认可，还要找到更有能力的人并与其一起做事，把公司、部门、员工、资金、品牌等重新整合，以求达到最好的组合效果。

18.3 连通上下产业链，发现新资源

很多人不是没有资源，而是找不到资源。创业者如何才能发现自己所需的资源？要想发现资源，创业者需要具备以下 3 个要素，如图 18-2 所示。

```
                          ┌─────────────────┐
              ( 01 )──────│  有眼光和格局    │
                          └─────────────────┘

    ┌─────────────────────────┐
    │ 将一般思维转化为整合思维 │──────( 02 )
    └─────────────────────────┘

                          ┌─────────────────┐
              ( 03 )──────│    整合即互补    │
                          └─────────────────┘
```

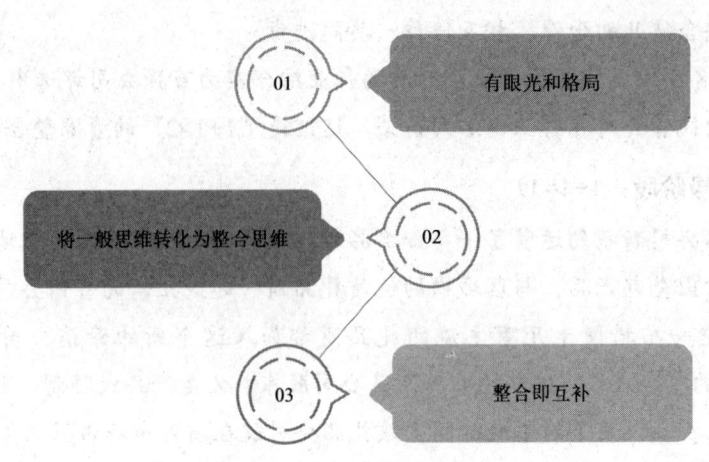

图 18-2　创业者发现资源需要具备的 3 个要素

1．有眼光和格局

对创办公司来说，创业者首先要学习的不是技巧，而是布局。布局考验的是一个人的眼光和格局。那么，什么是眼光？眼光就是在某一时刻，创业者对某个领域的趋势准确预测的能力——能否看到别人看不到的东西，能否通过表象看到事物发展的本质。

什么是格局？格局就是创业者具有的在看准某个项目后，当机立断做出决策，即便需要去银行贷款，也要占领这个市场的魄力。

眼光和格局缺一不可。有太多的创业者，想法不少，但终究都没有实现，原因就是他们不能把想法立刻转化为行动。

相关调查显示，80%的成功人士一定是有想法，并且能立刻将想法转化为行动的人。

2．将一般思维转化为整合思维

一般思维和整合思维的区别如表 18-1 所示。

表 18-1　一般思维和整合思维的区别

一 般 思 维	整 合 思 维
自己创造	让别人为我所用
先获得	先付出
以自己为中心	以对方为中心
先考虑自己最想要什么	先考虑对方最想要什么
需要对方为自己做什么	需要自己为对方做什么

续表

一 般 思 维	整 合 思 维
对方非自愿	对方自愿
整合难度较大	整合难度较小

一般人只关心自己想要的，不关心别人想要的，他们更想把别人的变成自己的。因此，一般思维和整合思维最大的区别就是，拥有整合思维的人在明确自己想要的资源以后，会以对方为中心，研究对方想要什么，并为对方提供他想要的资源，在获得对方的信任和认可后，让对方自愿提供自己想要的资源。

创业者首先要明确自己想要的资源，然后了解别人想要的资源，最后通过资源交换获得自己需要的资源，这就是整合思维。

3. 整合即互补

资源整合在一定意义上就是资源互补。人之所以需要与人交往，很多时候是想通过交往对象来满足自己的某些需求，这种需求既有精神上的，又有物质上的。

无论是在生活中还是在工作中，我们总会主动与一些人交好、合作，通过这样的方法来弥补我们自身存在的某些不足，从而达到互利共赢的目的。

比尔·盖茨在说服 IBM 公司与微软公司合作时，信誓旦旦地说："你们的硬件再厉害，如果没有我的软件，那么终究是废铁一个，一文不值。"但实际上在 IBM 公司答应暂时与微软公司合作时，微软公司还什么都没有。

而比尔·盖茨所说的这个软件，是他花 5 万美元从一个程序员手中买来的。这个程序员花费了 4 个月的时间编写出了 86-DOS 操作系统。比尔·盖茨在买下这个操作系统后，只进行了简单的修改就发布了，之后便开始售卖专利使用权。IBM 公司、苹果公司等都在使用这个操作系统，因此微软公司赚取了大笔专利费。

为什么这个程序员没有想到自己编写出来的操作系统可以这么卖？因为信息不对称，这个程序员没有发现隐形的财富资源。在实际工作中，类似这种资源有很多，能否整合这些资源，取决于创业者能否发现这些资源。

第 19 章

规模化：如何实现快速复制

在公司的发展逐步稳定，公司已经完成从 0 到 1，产品也已经打开市场之后，为了获得更大的发展，许多创业者会在短时间内投放大量资源，通过不断扩张的方式实现公司的规模化发展。但公司的规模化发展并不好做，规模化发展不能急于求成，而要遵循一定的步骤。

在规模化发展的这一进程中，创业者首先需要将公司现有的模式模块化，实现公司业务和管理模式的可复制性，然后才能实现公司的规模化扩张。同时，在公司规模扩张的基础上，创业者需要通过有效的管理实现公司效益的规模化增长。

19.1 如何将现有模式模块化

模块化管理即将公司的业务分为多个模块，并明确不同模块的负责人及主要业务。模块化管理既能将创业者从繁忙的管理工作中解放出来，实现人力资源的合理分配，又能实现公司业务和管理模式的可复制性。

公司经过几年的发展，在员工人数逐渐增多的过程中可能要经历部门化过程。部门化是模块化的基础，实现了部门化，各业务部门明确了负责人，每个负责人带领其组员完成该部门具体的业务，公司就在管理结构方面初步建立了模块化格局。但在公司层面还没有一个系统的、将各模块合为一体的方案，负责人的职责、部门的规划还有待进一步的明确。

在形成公司的各部门后，公司的管理模式示意图如图 19-1 所示。

第 19 章　规模化：如何实现快速复制

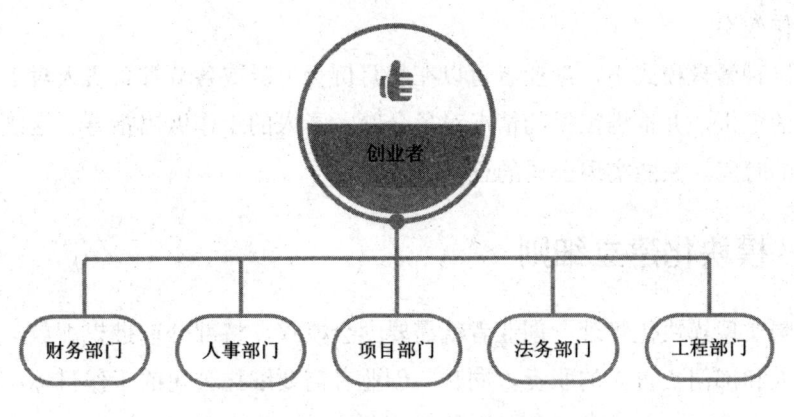

图 19-1　公司的管理模式示意图

在图 19-1 所示的这种管理模式中，创业者需要同时管理诸多部门。如果采用这种管理模式，那么管理效率是极高的，因为没有中间沟通的环节，创业者能够贴近基层业务单元。但这种管理模式会导致创业者十分繁忙，每个部门中的大事和小事都需要创业者来做决策，在这种状态下，创业者很难有时间去考虑公司未来的发展或参与其他社会活动。

这时，创业者可以将不同的部门划分成不同的模块，同时确定不同模块的分管负责人。这些分管负责人能够分担创业者的管理压力，解放创业者的时间。模块化管理示意图如图 19-2 所示。

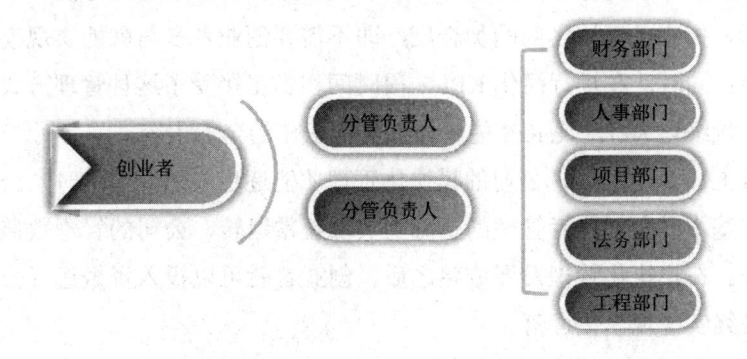

图 19-2　模块化管理示意图

如图 19-2 所示，创业者可以指定几个分管负责人，让其分别管理一个或几个部门，以减轻自己的负担。创业者可以将分管负责人负责的部门按照协作情况进行分类，将经常需要协作的部门交由同一个分管负责人负责，以便降低沟通成本，提高协作效率。

在这种管理模式下，创业者可以在每月例会上听取各分管负责人对上个月工作情况的汇报，并根据汇报的情况对各分管负责人的工作做出指导。这既能解放创业者的时间，又能实现公司的正常运转。

19.2　模块化建立细则

要想实现模块化管理，创业者就需要学会授权，将部分审批权下放，明确分管负责人和部门负责人的职责。同时，创业者需要细化公司的工作目标，将工作落实到每个员工身上，并对员工进行绩效考核，完善公司管理结构。

模块化管理主要包括以下 3 个阶段。

首先，形成模块，即创业者根据公司的业务划分模块，明确不同模块的职责。在这个阶段，由于刚刚组成模块并确定模块的职责，员工需要一段磨合的时间，即员工需要在一段时间的工作中逐渐明确自己所处的岗位应该做哪些工作，自己需要为哪些工作负责。

其次，当各模块可以依据自身职责运转时，创业者就可以在职责要求的基础上建立简化的 KPI（Key Performance Indicator，关键绩效指标）。各模块的分管负责人根据实际工作情况制定其所管理的员工的 KPI，创业者则可每季度或每半年为各模块的运行状况打分，并据此对该模块的分管负责人进行考核。

最后，提高各模块之间的契合度，即不需要创业者参与就能实现模块间的配合和沟通；同时，在推行简化 KPI 一段时间、员工接受了这种管理方式后，创业者可进一步细化 KPI，使 KPI 能够覆盖员工工作的全部内容。

完成上述 3 个阶段，公司的模块化管理才能逐步成熟。到这时，公司的各部门可以在基本脱离创业者管理的基础上实现正常运转，公司的管理效益也会得到很大提升。在模块化管理发展成熟之后，创业者就可以投入资金进行公司规模的扩张，最终实现规模化运营。

19.3　如何实现规模化增长

对很多公司来说，公司在达到一定规模后，必须实现规模化增长，才能使公司在激烈的市场竞争中存活。规模化增长即创业者在公司完成从 0 到 1，产品已经打开市场，拥有一定的竞争优势后，在短时间内大量投放资源，以实现收入大

第 19 章 规模化：如何实现快速复制

幅增长的方法。

很多公司有很好的业务模式和产品、不错的团队，但在发展到一定规模之后无法继续运转了，原因就在于没有实现规模化增长，在市场竞争中被淘汰了。那么，公司如何才能实现规模化增长呢？实现规模化增长的方法如图 19-3 所示。

- 实现产品品类规模化
- 实现产品功能规模化
- 实现产品用户群体规模化
- 通过社群裂变实现规模化

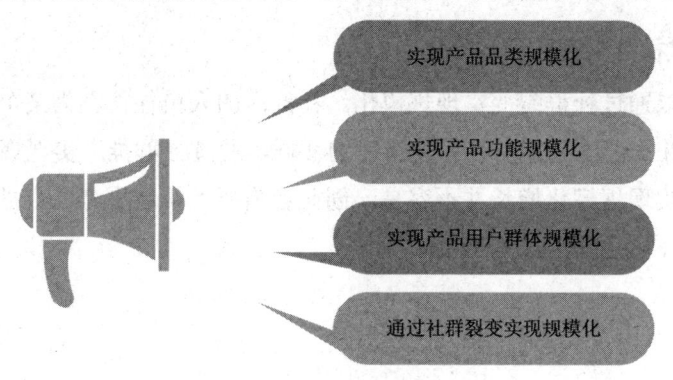

图 19-3　实现规模化增长的方法

1. 实现产品品类规模化

不同的用户有不同的需求，单一的产品难以满足所有用户的需求，因此公司要在产品品类方面实现规模化。在此过程中，公司需要研究用户的特点、兴趣爱好等，分析其需求，并据此设计出有针对性的产品。例如，某乳制品公司推出了全脂牛奶、脱脂牛奶、发酵乳酸奶、炭烤酸奶等产品。但在之后的市场调查中该公司发现，现有产品品类难以满足用户的多种需求，市场上的芝士酸奶广受好评。于是，该公司又增设了产品线，推出了一款芝士酸奶。

2. 实现产品功能规模化

用户往往更喜欢功能多样化的产品，功能多样化的产品能够满足用户的更多需求。以手机的功能为例，此前手机的基本功能是打电话、发短信等，而现在智能手机的功能已越来越多样化，包括拍照、播放音乐、导航、美化图片等功能，以满足用户对手机功能的规模化需求。对公司来说，丰富产品的功能能够增强自身的竞争力，从而实现规模化增长。

3. 实现产品用户群体规模化

公司要想实现产品用户群体的规模化，就要不断扩大新用户群体。公司可通过市场调查，分析产品能够满足用户的哪些需求、哪些人群对产品的需求最大，并从这部分人群入手进行推广,以吸引新用户。

同时,公司要重视老用户的作用。如果产品已经有了一定的用户基础,公司就可以通过利益吸引的方式促使老用户发展新用户,这也能有效地扩大用户群体的规模。

4. 通过社群裂变实现规模化

公司可以通过社群裂变实现规模化。社群内的人员往往因为某个共同的兴趣爱好而聚集在一起。公司可以组建自己的社群,通过社群推广实现规模化增长。

公司要实现规模化增长并不容易。创业者需要系统地思考、全盘考虑,才有可能让公司在激烈的市场竞争中站稳脚跟。

第 20 章

价值回归：如何从 100 至 10 000

要想让公司获得长远的发展，创业者就需要提升公司的价值。许多创业者都有这样的认知：经营公司就是要做好产品和销售，本质都是为了获得更多利润。除获得利润外，创业者还要注意公司的价值因素，如商业模式、提供的服务等。创业者应将目光聚焦于公司的价值上，注重公司价值的创造。

20.1 商业模式决定其价值

商业模式是指公司提供哪些产品或服务,通过什么途径向谁收费来获得利润。例如，制造公司通过为用户提供实用的产品获得利润；销售公司通过直销、批发等销售方式获得利润等。

商业模式是指公司的盈利模式，是公司核心竞争力的体现。例如，戴尔公司采用直销的方式获得利润，其核心竞争力就体现在其具有全球直销网上管理系统上。而对同行业内的其他公司来说，搭建全球直销网上管理系统可能需要付出巨大的代价，如果搭建全球直销网上管理系统的成本太高，产品就没有竞争优势。因此，全球直销网上管理系统成了戴尔公司的竞争壁垒。

商业模式包含的内容如图 20-1 所示。

1. 产品模式

创业者要决定公司的产品模式，即决定公司提供什么样的产品。商业模式建立在产品模式的基础上，如果产品模式不能驱动公司发展，那么公司也不可能获得长远的发展。

因此，创业者需要思考公司提供的产品是什么？能够解决哪些用户的哪些需求？能够为用户创造什么样的价值？这些问题是创业者在思考商业模式时，必须考虑的问题。

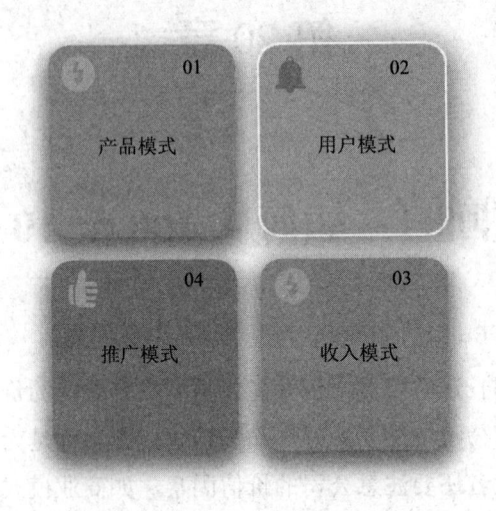

| 01 产品模式 | 02 用户模式 |
| 04 推广模式 | 03 收入模式 |

图20-1　商业模式包含的内容

2. 用户模式

创业者要决定公司的用户模式，即要找到对公司的产品具有强烈需求的目标用户。创业者可以对不同用户的性别、年龄、职业等进行细分，最终确定产品的目标用户。

3. 推广模式

创业者要决定公司通过怎样的方式连接产品的目标用户群。很多创业者喜欢在推广方面投入大量的资金，以期获得更好的推广效果，但投入大量资金的推广模式未必是好的推广模式。并且，如果一味地投入资金做推广，而不重视用户需求和用户体验，那么投入的资金再多也难以产生效果。

要想设计出真正有效的推广模式，创业者就要根据产品及产品的用户群，设计相应的推广方案。

判断推广模式是否有效，最简单的方法就是把推广资源撤掉，看产品的用户量是否减少。如果在撤掉推广资源后，产品的用户量大幅减少，就说明推广效果并不好，产品必然存在问题。

这时，创业者需要对产品进行调整。在推广的过程中，创业者要研究市场，了解用户的真正需求，了解用户对产品的反馈，并对产品进行改进，以不断完善产品。

4．收入模式

创业者在获得巨大用户基数的前提下，要思考如何获取收入。例如，连锁公司的收入主要来自两个方面：一个是通过用户获得收入；另一个是通过加盟商获得收入。

创业者可以通过以上 4 个方面搭建公司的商业模式。但是，公司的商业模式可能会被其他公司模仿，要想保持自己的竞争优势，公司就需要具备构筑商业模式的核心竞争力。

首先，核心竞争力表现为专一性。专一并不等于单一，而是指公司在某一领域具有深度拓展的能力。例如，双汇可以在肉制品上做到专一，不涉及肉制品之外的产品。其产品种类丰富，在热鲜肉、冷鲜肉、肉肠等肉类加工产品方面有深入拓展的能力。由于这种专一性，双汇比同行业其他涉足其他产品的肉制品公司发展得更好，也更有竞争力。专一性决定了公司的发展战略，坚持不懈必有成就。

其次，核心竞争力表现为创新能力，如具有优秀的研发团队、具有先进的工艺或发明专利等。技术并不能成为公司永久的核心竞争力，但拥有某项专利技术能够在一段时期内保持公司的优势。同时，技术优势会带来生产效率、生产成本方面的优势，能够提高公司的效益。

因此，创业者在搭建公司的商业模式时，要着眼于某一领域，并通过不断创新打造自己的技术优势，这样才能持续保持商业模式的优势，展现公司的更大价值。

20.2　从链家到贝壳，多了什么

2020 年 7 月，贝壳找房向美国纽约证券交易所递交了 IPO（Initial Public Offering，首次公开募股）招股书。2019 年，贝壳找房的总交易额为 2.128 万亿元，而 CIC（灼识咨询）的报告显示，我国住房市场 2019 年的营业额为 22.3 万亿元。这表示贝壳找房几乎占据了 10% 的市场份额。

贝壳找房脱胎于链家，又与链家有很大的不同。那么，从链家发展而来的贝壳找房，到底多了什么？

1．数据化

贝壳找房具有专业的技术团队，能够为 200 多万位客户和超过 2 亿套房源提供数据支持,各种客户需求和房屋数据都会被转化成数字语言。

在居住服务领域,数据化无疑是贝壳找房的巨大优势。用强调数据的连接替代传统公司强调人的连接,贝壳找房正在重塑行业生态。

贝壳找房的商业逻辑是什么?实现房地产交易的数据化、线上化。线上化实现更多交互,交互产生更多数据,最终大量的数据产生交易,产生价值。

按照这样的商业逻辑,贝壳找房获得了巨大发展。截至2020年6月,贝壳找房连接了265个品牌连锁经纪公司,在百余座城市拥有的门店数量超过4.2万个。

对贝壳找房来说,这并不是平地起高楼,其能在短时间内获得巨大发展,在很大程度上源自链家在发展过程中埋下的"基因"。

链家是一个融房产交易、资产管理为一体的房产服务平台,链家在创办之初,就十分强调数据驱动。

2008年,链家引入了IBM做战略咨询,这使链家建立起了基于数据的打法。直到2018年,贝壳找房平台上线。

在以往房屋交易的过程中,员工往往要完成找房源、找客户、带看房、协助交易、办理过户的全过程。只有完成好所有环节,才能实现交易、获得佣金。整个交易过程不仅烦琐,耗时也很长,降低了交易的效率。

贝壳找房要做的,就是通过技术手段打破现状。贝壳找房平台上存在各种从业者,如房源录入者、客源发现者、促成成交者等,不同身份的从业者会从交易中获得属于自己的佣金。同时,从业者可在交易中扮演多个角色,使自己的利益最大化。

这种将业务流程拆分的过程,能够发挥分工的巨大优势,提高交易效率。同时,借助线上数据化,当房源和客源不断增多时,双方的匹配成功率也会升高,从而形成网络效应。

2. 更多的连接

对贝壳找房来说,仅依托链家的积累,并不足以打造出一个成功的商业模式。在资金、资源云集的行业中,链家要想突出重围,就要打破行业既有的连接模式。

对链家来说,数据化是其发展的得力工具,但要想成功布局未来,还需要远大的战略。而链家模式已不足以支撑这一战略,所以链家推出了贝壳找房并将其作为真正的操盘手,对资源进行重置、连接。

当前，贝壳找房一方面连接行业机构和经纪人，一方面连接房源，促进了公司的快速发展。贝壳找房的连接规则是怎样的？又是如何连接新的资源的？事实上，我们从贝壳找房将业务流程拆分的过程中就可以看出，贝壳找房要做的，是连接拥有客源的互联网巨头和拥有房源的房地产中介，实现买方和卖方的连接。

在双方的连接方面，连接房地产中介是最为困难的，但经过种种努力，贝壳找房最终获得了成功。

贝壳找房制定了完善的中介费分配方案，为加盟店支付一定比例的佣金，并且利益分配流程透明，吸引了各地中小经纪公司的加盟。随着规模不断扩大，贝壳找房能够在更大范围内匹配资源，交易也更加高效。

2019年，在贝壳找房的交易总额中，有53.1%来自链家以外的其他品牌。越来越多的中介机构愿意加入贝壳找房平台，贝壳找房的连接也越做越大。

在贝壳找房不断发展的过程中，红杉资本、华兴资本、腾讯、经纬中国等都纷纷向其投资。资本的看好无疑体现出了贝壳找房的价值。

20.3 从链家到自如，拆了什么

和贝壳找房一样，自如也产生于链家。自如原本是链家的一个事业部，后从链家拆分出来成为一个独立的公司。这为自如拓展了发展空间和价值提升的空间。2020年3月，自如获得软银10亿美元的投资，这反映出自如的价值。

那么，自如是如何实现价值提升的？从链家到自如，拆分后的自如有哪些变化？

1. 从长租到短租

在未独立之前，自如的主营产品包括自如友家、自如整租、自如寓等长租公寓。在独立之后，除了升级长租公寓产品的品质，自如还新添了短租产品：自如驿和自如民宿。

当前租房的主力人群为"90后""95后"等年轻群体，他们对生活品质有较高的要求，且有一定的消费能力，而旅行是这部分消费群体十分热衷的一项活动。因此，自如希望通过打造自如驿为喜爱旅行的消费群体提供更优质的住房服务，满足其在出行时对住的需求。而自如民宿主打风土人情的精品路线，在设计中融入不同地域的独特元素，同时包括简约、田园、古典等多种风格。

2. 从自如到自如寓

在从链家拆分出来之后，自如对其长租产品——自如友家进行了版本更新，选用当下的流行色作为房间装饰的主色调。同时，在物品收纳、家居组合方面自如也进行了重新设计，以满足住户在储物、个性化搭配方面的需求。

对于希望有更多独立空间的住户，自如推出了优格和清语两种风格的整租产品，对卧室、厨房、餐厅等进行了严格的划分，在功能性的延展及审美方面，更能满足住户的需求。

同时，自如升级其公寓产品——自如寓。自如寓除了给住户提供独立的房间与卫生间，还配备了健身房、会议室等，同时提供安保、代收快递和社群服务。

此外，在高端款产品方面，自如还推出了自如整租。自如整租满足了住户对空间和隐私的需求，同时能够带给住户更优质的生活享受。自如整租配备了各种智能家电产品，能够让住户的生活更加舒心和便利。

在从链家拆分出来后，自如推出了多款产品，希望覆盖更多的消费群体。目前，自如产品矩阵中已经拥有长租产品自如友家、自如寓、自如整租，以及短租产品自如驿、自如民宿，能够满足多种消费群体的不同需求。

自如长租公寓品质的升级和短租公寓的打造，都通过细分突出了产品特色，能够更有针对性地满足住户的需求。这也体现出自如的价值。

20.4　用户需要什么，我们能给予什么

在提升公司价值的过程中，创业者要始终思考"用户需要什么""我们能给予什么"，即分析用户需求，并想办法满足用户需求。只有用户需求被满足，用户才能够感受到产品的价值、公司的价值。

推出用户真正需要的产品是创业成功的关键。为此，创业者需要分析用户需求，借助各种互联网渠道，了解产品的数据反馈，并据此做出更科学的决策。

用户需求影响着市场的变化。例如，同样是家电产品，电视机和空调市场的变化大不相同。许多知名电视机厂商已逐渐没落，也有一些厂商近年来一直深陷价格战的泥潭；而空调市场的整体增长较为稳定，头部公司的发展稳定。

原因就在于用户需求不同。电视机承载的是用户休闲和娱乐的需求，而用户对于空调的需求往往都是一样的。因此，用户对空调的需求比较稳定，但能满足休闲和娱乐需求的产品不只有电视机，还有计算机、手机等。

因此，创业者在研究用户需求时，需要分析用户对于产品的需求是不是刚需、能否通过增加产品功能来满足用户的更多需求等，立足于用户的关键需求，推出更具有针对性的产品。

同时，在思考"我们能给予什么"这一问题时，创业者必须明白，不要试图取悦所有用户，"产品面向所有用户"的模式是行不通的，试图取悦所有用户的结果往往是谁都取悦不了。创业者要明确产品的市场在哪里、产品针对的是哪一类目标用户，并在此基础上研发产品。

江小白是当下十分火爆的白酒品牌，深受年轻人的喜爱。它的成功与品牌的定位和独特的产品特点密切相关。江小白将目光放在年轻人身上，聚焦其个性化的需求并打磨产品。

首先，在产品口味方面，江小白开发出更适合年轻人的口感清淡、入口绵甜的清香型高粱酒，不仅符合更多年轻人的口味需求，还适合年轻人在下班后小酌一番。

其次，在包装设计方面，江小白也走起了小清新的路线。独特的小瓶包装、磨砂的酒瓶、情绪化的碎片语言、卡通人物的 Logo 等，都显示出了其设计方面的特色，也更能拉近产品与年轻人的距离。江小白的包装设计如图 20-2 所示。

图 20-2 江小白的包装设计

最后，在营销方面，江小白以青年文化为驱动力，开展了多样的年轻化活动。随着《中国有嘻哈》节目的大火，江小白借势举办了"江小白YOLO音乐现场"，在北京、上海、重庆等城市举办了演出。同时，二次元是许多年轻人感兴趣的领域，江小白也通过对二次元的探索和年轻人建立了更深层次的连接。江小白联合两点十分工作室推出了动画片《我是江小白》，该动画片一经播出便广受好评。随后，江小白又将动画片中的经典台词和场景搬到酒瓶上，激起了一波消费热潮。

江小白的成功得益于其精准的用户定位和产品设计，推出了更符合年轻人口味的产品。同时，在产品的包装设计和宣传推广方面，江小白也更贴合年轻人的喜好。对创业者来说也是如此，要想创业成功，使产品占据用户的认知，就要定位目标用户，推出有针对性的产品，满足目标用户的需求，并以此实现产品的价值。

第6篇

风险管理篇

第 21 章

从零开始的创业者如何
守住财富

在创业初期,许多创业者思考的都是如何赚钱。而在取得创业的初步成功,收获了一些财富之后,创业者却不知不仅要思考如何赚钱,还要思考如何守住财富。创业者要懂得降低公司成本、积累财富。创业之路存在风险,创业者需要了解自己可能面临的风险,并远离风险。

21.1 财富积累曲线

在积累财富的过程中,创业者有必要了解财富积累曲线(见图 21-1)。

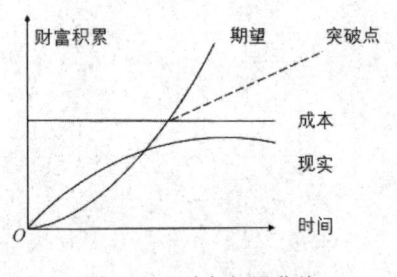

图 21-1 财富积累曲线

如图 21-1 所示,成本是一个人一生付出的总成本,其金额是固定的,当积累的财富超过支出的成本时,即财富积累达到成本线的突破点时,人们就可以实现财富自由。人们希望财富积累曲线一直呈上升趋势,但在现实中,很多人积累的财富并不会一直增长,而是处于积累与消耗的变动之中。

财富积累曲线对创业者来说有什么作用呢?它指出了积累财富的方法:要么

降低支出的成本，要么提高财富积累。

1. 降低支出的成本

创业者进行创业需要支出的成本包括场地成本、人力资源成本、生产成本、营销成本等。创业者可以通过合适的方法降低支出的成本。

例如，在场地方面，创业者可以选择租赁场地，甚至租赁共享办公空间来降低场地成本；在人力资源方面，创业者可以优化公司结构，取消不必要的岗位，降低人力资源成本；在生产方面，对于一些购买成本高的设备，创业者可以通过租赁的方式实现生产；在营销方面，创业者需要对比不同营销方式的投入和营销效果，选择营销效果较好同时营销成本较低的营销方式。

2. 提高财富积累

除了降低支出的成本，创业者还可以提高财富积累。一方面，创业者可以分析当下的市场环境、市场发展趋势等，在形势大好的前提下增加创业投入，以便收获更多回报。增加投入的方向可以是扩大生产、增加研发投入推出新产品等。另一方面，创业者可以通过投资实现财富的不断积累，不过，在进行投资之前，创业者需要掌握必要的投资知识，了解投资的风险。

总之，创业者可以从以上两个方向实现财富积累，若从两个方向双管齐下，则更快地实现财富积累。

21.2 如何避免手中的资产贬值

"打江山易，守江山难。"对创业者来说，守住财富可能要比创造财富花费更多的心力。在积累了一定的财富后，如果创业者只将钱存进银行，那么在通货膨胀的影响下，资产可能会贬值。为了避免手中的资产贬值，守住财富，创业者有必要在保证公司必要现金流的基础上，将部分余钱通过投资理财实现资产保值。

创业者应如何进行投资理财？

首先，创业者必须明确投资理财的目的是避免资产贬值，而不是看中投资的高收益。在明确了这一点后，创业者就需要避免那些高收益、大风险的投资项目。

其次，创业者投资理财除了能够避免资产贬值，还能为公司储备更多的现金。为了灵活应对公司的资金需求，创业者在选择投资理财项目时，需要注意资金的流动性，避免选择那些流动性差、资金可能被套牢的投资理财项目。

再次，创业者需要做好投资理财规划，合理安排投资项目和投资比例。由于投资项目有很多，创业者的选择范围很广，创业者要想通过投资获得更多收益，就要选择合适的投资项目，进行多元化投资，并设置好每一项投资项目的占比。创业者需要了解不同投资项目的收益和风险情况，分析不同投资项目的投资周期，平衡好投资收益与资产流动性。

最后，投资的风险与收益相伴而行，创业者要做好投资的风险控制。在选择投资每一个项目前，创业者都要设定好止损点。如果在投资过程中出现亏损现象，并达到此前设定的止损点时，创业者就要及时撤回资金，避免更多损失。

投资理财是避免资产贬值的有效方式，资产闲置会导致资产贬值，创业者需要做的就是主动出击，通过投资理财实现"钱生钱"，以此抵御通货膨胀的风险。

21.3 有些概率是创业者无法挑战的

创业存在风险，虽然很多创业风险发生的概率很小，但对创业者来说，只要风险发生了，自己就要遭受损失，有些风险的概率是创业者无法挑战的。因此，创业者需要了解创业的各种风险，并尽量规避这些风险。创业风险的种类如图21-2所示。

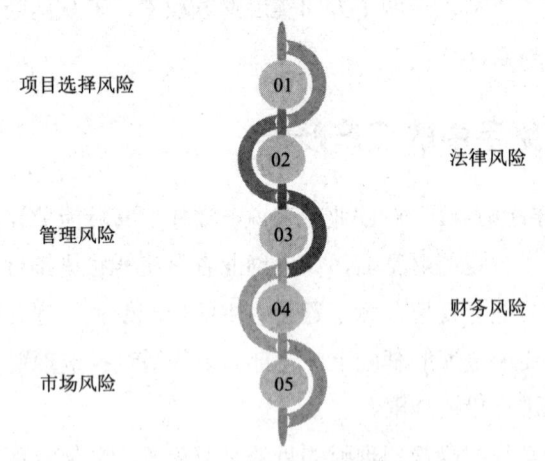

图 21-2　创业风险的种类

1. 项目选择风险

当创业者创业初获成功之后，各种项目都会纷纷找上门来，有和公司业务相关的，也有和公司业务无关的。在选择项目时，一些创业者过于自信，或者觉得项目虽然和公司业务无关，但是存在较大的利润空间，于是便开始投资自己不熟悉的或存在较大风险的项目。但往往这些项目会以失败收场，这不仅浪费了公司投入的资源，还削弱了公司的竞争力，往往得不偿失。

因此，创业者在选择一个项目、开展一次合作之前，要基于公司当前的业务和实力做出科学的判断，要知道自己该在哪个地方停止，以规避公司发展过程中的风险。

2．法律风险

法律风险是容易被很多创业者忽略的风险，很多创业者认为法律风险的防范并不重要，但事实上，任何法律风险都可能导致创业者遭受损失。中小型公司经营诉讼在民事案件中十分常见，创业者即使提起诉讼，也难以及时获得赔偿。如果创业者因为法律方面的疏忽被起诉，即使最后得到圆满解决，也会影响创业者及公司的声誉。

因此，创业者需要增强抵御法律风险的意识，健全公司内部管理体制，从源头规避法律风险。

3．管理风险

管理风险是指创业者或创业者选择的管理人员管理不善所产生的风险。管理风险对公司的影响是十分巨大的，往往一个错误的决策就会给公司的发展埋下巨大的隐患。

为了规避这种风险，在选人和用人方面，创业者要避免任人唯亲，或者只听信他人的夸夸其谈，就对其委以重任。在确定一个管理人员之前，创业者要从 3 个方面对其进行考察：一是了解其知识储备和掌握的技能，以及其对知识、技能的运用能力；二是了解其沟通能力，考察其是否能够协调各部门或员工间的沟通；三是了解其日常的言行举止，了解其对自己和员工的态度。此外，如果创业者缺乏管理公司的经验，那么可以聘请职业经理人协助自己管理公司。

4．财务风险

财务风险是指在公司经营过程中，可能导致公司资金短缺、周转困难等的风险。严重的财务风险甚至会致使公司倒闭。

要想防范财务风险，创业者就要健全财务管理制度、选拔合格的财务人员。如果公司财务由创业者一个说了算，而没有一整套管理制度，那么一旦财务出现问题，后果就会不堪设想。创业者必须设立财务控制制度、授权批准控制制度、会计系统控制制度等。严格执行这些制度，公司的财务处理情况将大幅得到改善。

5. 市场风险

市场风险是指公司没有市场竞争力的风险，主要表现为公司所开发的产品不能适应市场需要、在技术方面比较落后、质量不过关、销售渠道不畅通、售后服务不周到等。如果公司存在以上一个方面或几个方面的问题，公司就会面临市场风险。

面对市场风险，创业者需要做好以下几个方面的工作：首先，创业者要时刻关注市场动向，分析用户需求的变化，随时调整产品策略，推出能满足用户需求的产品；其次，创业者要重视产品品质，不断提升产品的质量并优化功能；再次，创业者要重视销售渠道的管理，打通线上和线下销售渠道，实现多渠道销售；最后，创业者要提升公司的服务质量，做好售后服务，提升公司的信誉。

总之，在经营公司的过程中，创业者需要识别以上风险，并做好风险的防御工作。很多创业者遭受损失或创业失败的原因不是意识不到公司经营中的种种风险，而是明白决策有风险，但是认为风险发生的概率很小，于是心存侥幸，做出了比较危险的决策。而风险问题一旦发生，就可能对创业者造成致命的打击。

因此，创业者在了解以上风险的基础上，必须重视以上风险，必须明白，有些风险的概率是自己无法挑战的。合理规避风险，稳中求进，才能推动公司稳定发展。

21.4 向阳而生，远离风险

在创业的过程中，创业者远离风险，才能有效地避免损失。远离风险有八字要诀："分析、评估、预防、转嫁"。

首先，创业者要学会分析风险。在每个经营环节，创业者都要学会分析风险，要对可能出现的风险有明确的认识，并制定相应的风险应对方案。

其次，创业者要善于评估风险。创业者要分析、预测风险可能带来的负面影响。例如，创业者需要评估某个项目失策会造成多大损失；贷款无法收回会产生怎样的影响；资金周转出现困难会对公司经营造成哪些影响等。

再次，创业者要积极预防风险。例如，创业者要对投资方案进行评估，对市场进行周密调查，对现金流进行严格把控等。一旦某个环节出现问题，创业者就

第 21 章　从零开始的创业者如何守住财富

要积极实施补救的方案，减小问题带来的负面影响。同时，创业者要加强管理，健全公司的各种规章制度，注重合同管理、财务管理等。

最后，创业者要学会设法转嫁风险。例如，资产投保能够转嫁投资意外事故风险；租赁设备能够转嫁公司的经营风险。在与公司上下游各方签订合同时，创业者需要明确规定各方的职责，并约定好相应的赔偿方案。如果是因为对方的失误导致公司遭受损失，创业者就可以依照合同向对方进行索赔，以此转嫁公司的损失。

创业者学会分析和应对公司经营中的风险并远离风险，才能让公司获得更好的发展，才能让自己积累更多的财富。

第 22 章

重大风险管理：如何做到零亏损

在经营公司的过程中，创业者可能会遭遇一些重大风险，如高杠杆运营，引发公司经营危机；遭遇"套路贷"，面临巨额赔偿；盲目为人担保引发连带赔偿危机等。这些重大风险往往会使创业者遭受巨大损失，甚至导致创业失败。

创业者要规避这些风险，就需要做好重大风险管理，尽量做到零亏损。为此，创业者需要了解这些重大风险，避免让自己陷入这些陷阱。但是，如果真的遭遇了重大风险，为了保证公司的生存和发展，创业者就要果断地选择断臂求生。

22.1 为什么很少有人能承受"三连击"

在经营公司的过程中，存在众多重大风险，而重大风险和重大风险之间往往有着紧密的联系。很多时候，如果创业者遭遇了一项重大风险，那么往往也会遭遇由这一重大风险引发的其他重大风险。在一系列重大风险的打击下，创业者极有可能遭受重大损失，甚至走向破产。

周先生在创办公司时，由于资金短缺，向金融机构借了 40 万元。在两年的时间里，公司的发展一直不好不坏，公司的利润并不多，周先生还要定期支付金融机构的本金和利息。在将利润与各种支出相抵后，周先生获得的收益并不多，因此他没能为公司储备足够的现金。这为公司的发展埋下了隐患。

后来，随着市场竞争日益激烈，公司的经营日益艰难，资金周转困难成了阻碍公司发展的重要问题。为了维持公司发展，周先生经中介介绍，向某民间借贷机构借了 10 万元。

虽然借贷合同上标注的是借了 10 万元，但是在扣除各种费用后，周先生拿到手的只有 6 万元。贷款分为 24 期，每 10 天为一期，每期需还款 6000 元，总共要还 14.4 万元。

钱是拿到了，但公司的发展还是不见起色。在苦苦支撑了一段时间后，公司的现金流断裂，公司陷入瘫痪状态。

而此时，周先生依旧要按期支付金融机构和民间借贷机构的借款。同时，在了解到周先生的公司即将破产后，民间借贷机构的催收手段也越来越暴力。面对这种胁迫，周先生最终变卖了自己的汽车，偿还了民间借贷机构的借款。

之后，周先生的公司因为现金流断裂而破产。但这并不是最后的打击，在公司破产后，周先生无力偿还金融机构的贷款，最终被列入失信人名单，他的创业梦也因此破碎。

对创业者来说，借贷风险、现金流断裂风险和失信风险都是创业过程中的重大风险，并且这 3 种风险往往是相伴而行的，很少有创业者能够承受这 3 种风险的"三连击"。因此，在经营公司的过程中，创业者要做好重大风险管理，合理规避风险。

22.2 高杠杆运营，引发公司经营危机

在缺乏创业资金的情况下，一些创业者可能会通过高杠杆运营的方式经营公司，即通过借贷的方式获得经营公司的资金。这的确能够为公司解决资金问题，但是创业者同样要注意适度使用杠杆，因为高杠杆运营会加大公司运营的风险，并且风险一旦发生，就会对公司造成巨大打击。

小周一直有一个创业梦，虽然手中的资金不足，但他还是创立了自己的制造公司。为了成功创立公司，小周在自己现有 10 万元的基础上向金融机构借了 20 万元，用 30 万元创立了公司。

除了租赁公司场地、招聘员工等花销，小周将大部分资金用在购买机器设备方面。之后，为获得公司运营的流动资金，他又向金融机构抵押了所购买的机器设备，获得了 30 万元，以此发展业务，应对公司的日常支出。

而此时，小周的公司虽然能够正常运转，但是也欠下了 50 万元的债务，小周需要定期偿还两次贷款的利息。在一段时间后，因为小周公司的产品出现问题，小周公司的一个大客户终止了与小周公司的合作，这使小周的公司遭受了巨大损失。而在这时，小周依旧需要支付金融机构的利息。在一系列压力下，小周公司

的现金流断裂，最终走向了破产。小周不仅遭受了创业失败的痛苦，还背上了巨额债务。

在上述案例中，小周只有 10 万元的启动资金，并先后借贷了 50 万元，这已经远远超出了他能够偿还的范围。这样的高杠杆运营使得公司承受风险的能力非常弱，一旦公司的经营出现问题，公司就可能遭受巨大打击。

创业者在经营公司的过程中，为了获得更好的经营业绩，往往会运用一定的杠杆，甚至会选择高杠杆运营。但创业者需要明白，高杠杆运营意味着大风险，如果公司有较大的杠杆比例，就会有较多的有息负债，这些负债是需要还本付息的。如果公司的经营效益差，公司就会面临非常大的资金压力，甚至无法按时还本付息而造成违约。

同时，在高杠杆运营的过程中，创业者往往会根据不同贷款的还款期限和公司的预计收入等制订一定的还款计划。如果发生了某些突发事件，如预计的收入没有到账、公司产生了计划之外的支出等，就会打乱创业者的还款节奏，导致公司的现金流出现问题，进而使公司的运营出现危机。当公司账上的现金无法偿还一方的负债时，就会产生连锁反应，导致其他债权人也会要求提前还款。在种种压力下，公司将面临破产清算。

因此，为避免高杠杆运营带来的风险，创业者应控制借贷的数额，并分析公司的利润能否正常偿还按期支付的本金和利息。如果公司的利润能够正常偿还按期支付的本金和利息，就说明杠杆的运用对公司来说是有利的；如果公司的利润难以偿还按期支付的本金和利息，就说明杠杆的运用对公司来说是有危害的，这时创业者就需要削减成本，以降低公司经营风险。

22.3 遭遇"套路贷"，面临巨额赔偿

在经营公司的过程中，如果一时间资金周转遇到困难，创业者往往会通过借贷的方式补充公司的现金流，实现公司的正常运转。如果创业者在借贷时选择了某些不靠谱的借贷公司，就极有可能掉入"套路贷"的陷阱。

创业者贺某经营着一个小型服装公司。2019 年 8 月，贺某公司的资金周转遇到了困难。为了渡过这一难关，经中介介绍，贺某认识了某借贷公司的老板吴某，吴某表示可以借给贺某 5 万元，一个月的利息是 1 万元，贺某答应了。

在双方签订合同时，合同金额标注的是 8 万元，并注明违约金比例为每天

20%。但是，贺某实际借到的只有 5 万元，剩下的 3 万元包括中介费、保证金和提前扣掉的利息。

一个月后，贺某由于没有及时偿还 8 万元的欠款，需要按照合同规定多支付几万元。这些欠款加在一起，贺某的债务突破了 10 万元。为了偿还这笔违约金，贺某又先后向吴某借了几次款。随着借款数额越来越大，贺某要支付的利息也越来越多，利息和违约金不断叠加，贺某的欠债也越积越多。最后，贺某只得变卖了公司，偿还了 100 万元的欠款。

在上述案例中，贺某原本只是想借钱周转资金，却掉入"套路贷"的陷阱。借款仅为 5 万元，却在短短一段时间后变为 100 万元，贺某最终为了偿还债务而变卖公司。

"套路贷"是一种以借贷为名的非法牟利的犯罪活动，一些风险防范意识较差、急于用钱的创业者往往会被"套路贷"欺骗。"套路贷"的合同往往会规定多种违约赔偿条款，并在合同期间故意制造违约事实、强行认定违约等，以此让创业者背上更多的债务。

一些创业者由于熟人介绍、急需用钱或被对方提出的无息贷款吸引而签下贷款合同，却不知其中的套路和重大危害。无息可能是真的，但同样会规定大额的违约金，创业者一旦不能及时还款，就陷入"套路贷"的陷阱。

如何防范这种风险？首先，创业者不可轻信陌生人的无息贷款，也不要向陌生人透露自己的身份信息；其次，在资金紧缺时，创业者要选择向正规的金融机构借款，同时在签订借贷合同时，要分析合同中是否存在不合理的"霸王条款"；最后，创业者在与他人进行金钱往来时，一定要留有凭证，以便之后查询。创业者在签订房屋买卖合同、抵押合同时，一定要慎重考虑，同时到政府相关部门办理抵押登记。

总之，在遇到借贷问题时，创业者必须慎重考虑，谨慎识别借贷风险，规避"套路贷"。

22.4 盲目为人担保，引发连带赔偿危机

为他人做担保是很多创业者都会遇到的问题。例如，当创业者生意上的合作伙伴因资金困难需要借贷时，他们可能会请创业者为其做担保，而其中的一些创业者出于对两人交情的考虑，可能会盲目地同意为其做担保，但结果可能会使自

己背上债务，甚至会被列入失信人员名单，为公司经营带来巨大风险。

创业者丁某创立了一个建筑工程公司，经过两年多的发展，丁某公司的运营已逐渐稳定。这天，他的一位合作伙伴——另一个建筑工程公司的管理者罗某找到了他。原来，罗某因公司的资金周转困难，打算向王某借款60万元，同时请丁某为其做担保。

罗某表示，他和王某签订的借款合同约定月利率为2%，借款期限为2019年11月6日—2020年2月5日，在这3个月期间，罗某会每月向丁某支付2万元作为回报。丁某为了赚取6万元，以自己的房屋为罗某提供了担保，与王某签订了保证合同。同时，丁某和王某签订了抵押合同，并在政府相关部门办理了房屋抵押登记。

谁知3个月后，罗某下落不明，其公司也被列入不良公司名录。王某一纸诉状将罗某及担保人丁某告上法庭。法院判决罗某即日起15日内偿还王某的借款本金及2019年11月6日至判决生效之日的利息，同时，担保人丁某对以上借款本金及利息具有连带赔偿责任。

这就表示，如果罗某不能履行债务，那么负有连带赔偿责任的丁某需要以抵押担保的房屋偿还债务。如果丁某拒不偿还，就会被列入失信人员名单，这对其个人的工作和生活及公司的运营来说都是极为不利的。

因此，创业者在遇到他人请求自己为其借贷做担保时，一定要仔细考虑担保的风险。在为他人做担保之前，创业者要对借贷双方做一个详细的调查，如果借款人的信誉并不好，就不能盲目地同意为其做担保。创业者规避为他人做担保的风险，才能避免自己遭受损失，保证公司的正常运营。

22.5　在重大风险面前，唯有断臂求生

创业者不仅要学会识别和规避重大风险，还要在重大风险来临时，果断地做出应对决策。出于对公司整体发展的考虑，在重大风险面前，创业者能做的唯有断臂求生。

2020年，新型冠状病毒肺炎疫情（以下简称新冠肺炎疫情）无疑是众多公司共同面对的重大风险。以可口可乐公司为例。受新冠肺炎疫情的影响，可口可乐公司在全球范围内裁员，并宣布将大规模削减其旗下品牌的数量，以求长远发展。

可口可乐公司旗下的品牌众多，除了可口可乐，雪碧、美汁源、冰露等也都

是其旗下十分受欢迎的饮料品牌。而此次调整,可口可乐公司将停产椰子水品牌Zico,并取消部分不太受欢迎的可口可乐种类。

可口可乐公司的做法体现出了断臂求生的意思。在新冠肺炎疫情的影响下,可口可乐公司在全球范围内的很多市场都有不同程度的亏损。为应对新冠肺炎疫情,可口可乐公司筛选并精简品牌数量,保留受欢迎的品牌。这能够保证可口可乐公司将精力投入畅销品牌中,是一种很好的应对策略。

大公司断臂求生,小公司更是如此。

2018年年初,创业者魏某在北京创办了一个餐饮公司。经过将近两年的发展,魏某公司的发展趋于稳定,在北京也有了8个门店。魏某计划在2020年年初扩大公司规模,并在天津成立分公司,为此还在天津租赁了新的场地,开设了一个新的餐饮店,并招聘了员工进行试营业。

但新冠肺炎疫情的爆发打乱了魏某制订的发展计划。2020年,受新冠肺炎疫情的影响,魏某不得不关闭了北京和天津的门店。为了节省资金,他终止了公司在天津扩张的计划,将之前预留出的资金用于维持公司的正常运转。最终,魏某的公司成功地从这一重大风险中存活下来。

在面对公司经营的重大风险时,为了保证公司能够在风险中存活,创业者必须果断地缩减公司规模、保存公司实力,断臂求生。成功抵御风险,创业者的公司才能发展得更加长远。

第 23 章

珍惜创业成果：脚踏实地
才能走向辉煌

创业成功的创业者有许多，但并不是所有的创业者都能保持成功。创业者在取得创业的初步成功之后又迅速走向失败也是十分常见的。在取得创业的初步成功之后，创业者不能自大自满，而要小心谨慎，珍惜创业成果，脚踏实地地经营公司，最终走向辉煌。

23.1 为什么说东山再起是奢望

对一个曾经创业成功的创业者来说，即使经历过创业失败，也积攒了创业的经验，但为什么东山再起是奢望呢？创业者难以东山再起的原因如图 23-1 所示。

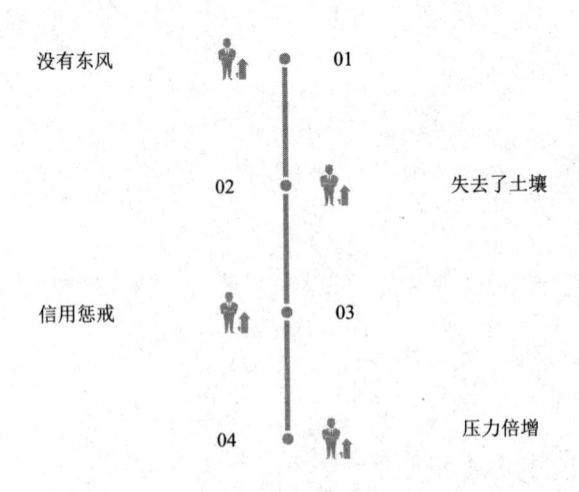

没有东风 —— 01

02 —— 失去了土壤

信用惩戒 —— 03

04 —— 压力倍增

图 23-1　创业者难以东山再起的原因

1. 没有东风

创业离不开市场环境，很多创业者能够创业成功，离不开良好的市场环境的助力。可能在创业之初，创业者找到了一个蓝海领域，市场上的竞争并不激烈，所以创业者能够创业成功。但等到创业者创业失败之后，可能市场上的竞争已经十分激烈，或者政策环境已经不太友好，失去了外部这股东风的助力，创业者就难以东山再起。

2. 失去了土壤

当前，互联网与各种先进科技快速发展，为创业提供了新的土壤，但曾经的一些创业成功的创业者是在传统领域发力的，这导致当他们在创业失败之后，可能找不到传统行业在新时期下的转机，也不太适应或看不懂当下的互联网经济，在思维上形成了断层。对这些创业者来说，他们已经失去了能够让其创业的土壤，而在新的土壤中他们也抓不到新的机会，因此难以东山再起。

3. 信用惩戒

信用惩戒对创业者来说是极为致命的。很多创业者在创业失败时都会负债累累，成为债务违约者。而一旦创业者由于失信被列入失信人名单，其创业就会受到致命打击。基于信用惩戒的一系列措施，创业者将不能成为公司的法人、董事等，政府采购、融资信贷也会与创业者无缘。在这种情况下，创业者想东山再起就是奢望。

4. 压力倍增

在遭遇创业失败后，创业者再次创业的压力要远远大于初次创业的压力。首先，在经历过破产后，创业者往往会面临经济压力，难以筹集创业资金；其次，创业失败会影响同行间其他合作伙伴对创业者的印象，甚至会使创业者的创业能力被怀疑，在这种情况下，创业者要获取资源就会受阻，从而面临较大的资源压力；再次，创业失败可能意味着创业者之前的创业项目并不被市场看好，这时创业者往往需要寻找新的创业项目和新的市场机遇，从而面临较大的市场压力；最后，再创业会给创业者带来巨大的精神压力，他人对创业者的怀疑、生活的压力等都会加大创业者的精神压力。

由于以上几个原因，创业者要想东山再起无疑是奢望。因此，在取得创业的初步成功之后，创业者要懂得珍惜得来不易的创业果实，努力让自己走得更远，避免创业失败。

23.2 不忘初心，才能长远发展

创业的初心是什么？创业是一个自我修炼的过程，而创业者的初心就是他的一种愿望、一个创业的目标。创业者在创业的过程中向着这个初心不断努力，将创业目标变成现实，才能实现初心。例如，马云曾提出"让天下没有难做的生意"，这个初心就是一个愿望，至于怎样制订计划、怎样实现这个愿望，都是在之后的创业过程中不断被调整、完善的。

创业者明确了创业的初心，才能明确创业发展的路径。例如，如果创业者想要成立一个电商公司，那么在有了这个目标之后，创业者就可以设计公司的发展路径，是做社交电商、垂直电商还是尾货电商；是有自己的货源还是选择招商加盟；是选择自建物流还是外包物流等。

很多创业者在创业初期是有一个初心的，也设立了公司发展的目标，但是在公司小有所成之后，就被当下的成功迷了眼，忘记了自己的初心，随意改变公司的发展方向，最终导致创业失败。

创业者赵某创立了一个建筑工程公司，承接各种建筑项目。他对建筑行业十分有热情，立志打造高品质的建筑项目。在管理公司的过程中，他总是将"品质"一词挂在嘴边。

经过几年的发展，赵某的公司获得了稳定发展，其成功承接的几个项目也使其在业内小有名气。在创业成功的影响下，赵某选择将公司发展的方向转向制造业，增设了研发部门，并投入大量的资金和人力研发新产品。

之后，赵某将管理重点放在研发方面，而忽视了对建筑项目品质的监管。不久之后，赵某的公司承接的新项目被发现存在质量问题，客户大为恼火，要求终止合同并向赵某的公司索赔，赵某不得不支付大笔违约金。在此之后，赵某公司的信誉不断下滑，订单量越来越少，最终走向了破产。

创业者想要扩张公司是可以的，但是不能忘记自己的初心。在上述案例中，赵某在公司扩张的过程中遗失了自己的初心，忽视了对建筑项目品质的监管，最终导致创业失败。因此，创业者不能被一时的成功蒙住双眼，在做任何一项决策时，都要制订详细的计划，思考决策是否符合创业的初心。只有坚持创业的初心，创业者才能始终走在正确的方向上，才能促进公司的长远发展。

23.3 如何才能一直富下去

创业者在创业成功，赚到钱之后，如何才能一直富下去？

首先，创业者要摒弃杞人忧天的思想方式。一些创业者在投资或者公司扩张方面总是犹豫不决，总想着："这样做是不是太浪费钱了？钱不是天上掉下来的，我不能这样做。"如果以这样的方式经营公司，创业者就难以创造出更多的财富。

其次，创业者要将创造财富当作自己的职责，以此激励自己。一些创业者在获得一定的财富后就丧失了赚钱的动力，但当下的财富可能并不足以应对公司经营的危机或保证创业者的生活，因此在获得一定的财富后，创业者不应降低自己的目标。不断有新的财富流入，创业者才能够保持富足。

再次，创业者需要关注那些知名的富翁，了解他们的经历，学习他们的工作理念。创业者需要知道那些富翁是如何成功的，学习其管理公司和应对危机的方法，了解其是如何保持活力和激情的。

同时，创业者要学习他们的工作理念。富翁会在工作中争取时间，因为他们知道，时间比金钱更重要。在自己不擅长的领域，或浪费自己时间的领域，他们会聘用他人来节省自己的时间。同样，在管理公司的过程中，创业者不能事事亲力亲为，要学会授权，将自己的时间节省出来，以便发挥更大的价值。

最后，创业者要避免挥霍无度，而应将余钱用来投资理财。同时，为规避投资理财的风险，创业者最好不要选择收益高但是风险大的理财产品，避免产生较大的经济损失。

23.4 在赚到第一桶金后应该远离什么

创业之路无疑是艰难的，创业者赚到第一桶金也是十分不容易的。在赚到第一桶金后，很多创业者的第一想法就是进行扩张，想要赚到更多的钱。但事实上，公司扩张并不是一件简单的事，盲目扩张往往会导致公司出现危机。创业者在赚到第一桶金后，必须远离盲目扩张。

许某是一个乳制品制造公司的创业者。经过 3 年的发展，许某公司的经营趋于稳定，许某也赚到了创业后的第一桶金。之后，许某逐渐变得狂妄自大起来，认为其公司的发展一片大好，应该趁机扩大生产规模，以赚取更多利润。但其他管理者并不认可许某的想法，因为当前市场竞争尤为激烈，业内的一些公司推出了新的品类，获得了用户的广泛好评，他们认为他们应抓住这个潮流，积极研发新品类，以抢占用户群。

但许某根本不听其他管理者的建议，他认为其公司的成功完全是自己的功劳，执意要在当下扩大生产规模，并投入大量资金来扩建工厂和购买机器设备。但是等到许某公司的乳制品大量上市时，业内的几个公司已经先后研发并推出了一种新口味的乳制品，十分受用户欢迎。在这种情况下，许某公司的乳制品的销量不断下滑，导致库存严重积压。

乳制品销售不畅，许某前期投入的资金无法回笼，许某的公司一下子陷入现金流危机。这时，许某再研发新品已经晚了，他不仅没有资金，还失去了先机。最终，在激烈的市场竞争中，许某的公司逐渐被淘汰了。

一些创业者在赚到第一桶金后，往往会被惊喜冲昏头脑，希望通过扩大公司规模赚到更多的钱，但这往往会为公司带来巨大风险。创业者一定要居安思危，在赚到第一桶金后，要对这笔钱的用途进行合理的规划，切不可盲目地扩大公司规模。

创业者必须做到稳健中求进步。获得第一桶金的原因有多个方面，包括良好的市场环境、政策的支持、员工的努力等。但如果在创业者赚到第一桶金后，市场环境变得不明朗了，创业者就应及时调整公司的发展方向，而不是盲目地扩大公司的规模。

附录

附录 A 《中华人民共和国公司法》核心摘要

第三条 公司是企业法人，有独立的法人财产，享有法人财产权。公司以其全部财产对公司的债务承担责任。

有限责任公司的股东以其认缴的出资额为限对公司承担责任；股份有限公司的股东以其认购的股份为限对公司承担责任。

第四条 公司股东依法享有资产收益、参与重大决策和选择管理者等权利。

第五条 公司从事经营活动，必须遵守法律、行政法规，遵守社会公德、商业道德，诚实守信，接受政府和社会公众的监督，承担社会责任。

公司的合法权益受法律保护，不受侵犯。

第六条 设立公司，应当依法向公司登记机关申请设立登记。符合本法规定的设立条件的，由公司登记机关分别登记为有限责任公司或者股份有限公司；不符合本法规定的设立条件的，不得登记为有限责任公司或者股份有限公司。

法律、行政法规规定设立公司必须报经批准的，应当在公司登记前依法办理批准手续。

公众可以向公司登记机关申请查询公司登记事项，公司登记机关应当提供查询服务。

第七条 依法设立的公司，由公司登记机关发给公司营业执照。公司营业执照签发日期为公司成立日期。

公司营业执照应当载明公司的名称、住所、注册资本、经营范围、法定代表人姓名等事项。

公司营业执照记载的事项发生变更的，公司应当依法办理变更登记，由公司登记机关换发营业执照。

第八条 依照本法设立的有限责任公司，必须在公司名称中标明有限责任公司或者有限公司字样。

依照本法设立的股份有限公司，必须在公司名称中标明股份有限公司或者股份公司字样。

第九条 有限责任公司变更为股份有限公司，应当符合本法规定的股份有限公司的条件。股份有限公司变更为有限责任公司，应当符合本法规定的有限责任公司的条件。

有限责任公司变更为股份有限公司的，或者股份有限公司变更为有限责任公司的，公司变更前的债权、债务由变更后的公司承继。

第十条 公司以其主要办事机构所在地为住所。

第十一条 设立公司必须依法制定公司章程。公司章程对公司、股东、董事、监事、高级管理人员具有约束力。

第十二条 公司的经营范围由公司章程规定，并依法登记。公司可以修改公司章程，改变经营范围，但是应当办理变更登记。

公司的经营范围中属于法律、行政法规规定须经批准的项目，应当依法经过批准。

第十三条 公司法定代表人依照公司章程的规定，由董事长、执行董事或者经理担任，并依法登记。公司法定代表人变更，应当办理变更登记。

第十四条 公司可以设立分公司。设立分公司，应当向公司登记机关申请登记，领取营业执照。分公司不具有法人资格，其民事责任由公司承担。

公司可以设立子公司，子公司具有法人资格，依法独立承担民事责任。

第十五条 公司可以向其他企业投资；但是，除法律另有规定外，不得成为对所投资企业的债务承担连带责任的出资人。

第十六条 公司向其他企业投资或者为他人提供担保，依照公司章程的规定，由董事会或者股东会、股东大会决议；公司章程对投资或者担保的总额及单项投资或者担保的数额有限额规定的，不得超过规定的限额。

公司为公司股东或者实际控制人提供担保的，必须经股东会或者股东大会决议。

前款规定的股东或者受前款规定的实际控制人支配的股东，不得参加前款规定事项的表决。该项表决由出席会议的其他股东所持表决权的过半数通过。

附录 B 《中华人民共和国劳动合同法》核心摘要

第八条 用人单位招用劳动者时,应当如实告知劳动者工作内容、工作条件、工作地点、职业危害、安全生产状况、劳动报酬,以及劳动者要求了解的其他情况;用人单位有权了解劳动者与劳动合同直接相关的基本情况,劳动者应当如实说明。

第十一条 用人单位未在用工的同时订立书面劳动合同,与劳动者约定的劳动报酬不明确的,新招用的劳动者的劳动报酬按照集体合同规定的标准执行;没有集体合同或者集体合同未规定的,实行同工同酬。

第十七条 劳动合同应当具备以下条款:

(一)用人单位的名称、住所和法定代表人或者主要负责人;

(二)劳动者的姓名、住址和居民身份证或者其他有效身份证件号码;

(三)劳动合同期限;

(四)工作内容和工作地点;

(五)工作时间和休息休假;

(六)劳动报酬;

(七)社会保险;

(八)劳动保护、劳动条件和职业危害防护;

(九)法律、法规规定应当纳入劳动合同的其他事项。

劳动合同除前款规定的必备条款外,用人单位与劳动者可以约定试用期、培训、保守秘密、补充保险和福利待遇等其他事项。

第十九条 劳动合同期限三个月以上不满一年的,试用期不得超过一个月;劳动合同期限一年以上不满三年的,试用期不得超过二个月;三年以上固定期限和无固定期限的劳动合同,试用期不得超过六个月。

同一用人单位与同一劳动者只能约定一次试用期。

以完成一定工作任务为期限的劳动合同或者劳动合同期限不满三个月的,不得约定试用期。

试用期包含在劳动合同期限内。劳动合同仅约定试用期的,试用期不成立,该期限为劳动合同期限。

第二十四条 竞业限制的人员限于用人单位的高级管理人员、高级技术人员和其他负有保密义务的人员。竞业限制的范围、地域、期限由用人单位与劳动者约定，竞业限制的约定不得违反法律、法规的规定。

在解除或者终止劳动合同后，前款规定的人员到与本单位生产或者经营同类产品、从事同类业务的有竞争关系的其他用人单位，或者自己开业生产或者经营同类产品、从事同类业务的竞业限制期限，不得超过二年。

附录C 《中华人民共和国民法典》核心摘要

第四百六十九条 当事人订立合同，可以采用书面形式、口头形式或者其他形式。

书面形式是合同书、信件、电报、电传、传真等可以有形地表现所载内容的形式。

以电子数据交换、电子邮件等方式能够有形地表现所载内容，并可以随时调取查用的数据电文，视为书面形式。

第四百七十一条 当事人订立合同，可以采取要约、承诺方式或者其他方式。

第四百八十三条 承诺生效时合同成立，但是法律另有规定或者当事人另有约定的除外。

第四百九十条 当事人采用合同书形式订立合同的，自当事人均签名、盖章或者按指印时合同成立。在签名、盖章或者按指印之前，当事人一方已经履行主要义务，对方接受时，该合同成立。

法律、行政法规规定或者当事人约定合同应当采用书面形式订立，当事人未采用书面形式但是一方已经履行主要义务，对方接受时，该合同成立。

第四百九十一条 当事人采用信件、数据电文等形式订立合同要求签订确认书的，签订确认书时合同成立。

当事人一方通过互联网等信息网络发布的商品或者服务信息符合要约条件的，对方选择该商品或者服务并提交订单成功时合同成立，但是当事人另有约定的除外。

第四百九十二条 承诺生效的地点为合同成立的地点。

采用数据电文形式订立合同的，收件人的主营业地为合同成立的地点；没有主营业地的，其住所地为合同成立的地点。当事人另有约定的，按照其约定。

第四百九十三条 当事人采用合同书形式订立合同的，最后签名、盖章或者按指印的地点为合同成立的地点，但是当事人另有约定的除外。

附录 D 《中华人民共和国税收征收管理法》核心摘要

第二章 税务管理

第一节 税务登记

第十五条 企业,企业在外地设立的分支机构和从事生产、经营的场所,个体工商户和从事生产、经营的事业单位(以下统称从事生产、经营的纳税人)自领取营业执照之日起三十日内,持有关证件,向税务机关申报办理税务登记。税务机关应当于收到申报的当日办理登记并发给税务登记证件。

工商行政管理机关应当将办理登记注册、核发营业执照的情况,定期向税务机关通报。

本条第一款规定以外的纳税人办理税务登记和扣缴义务人办理扣缴税款登记的范围和办法,由国务院规定。

第十六条 从事生产、经营的纳税人,税务登记内容发生变化的,自工商行政管理机关办理变更登记之日起三十日内或者在向工商行政管理机关申请办理注销登记之前,持有关证件向税务机关申报办理变更或者注销税务登记。

第十七条 从事生产、经营的纳税人应当按照国家有关规定,持税务登记证件,在银行或者其他金融机构开立基本存款账户和其他存款账户,并将其全部账号向税务机关报告。

银行和其他金融机构应当在从事生产、经营的纳税人的账户中登录税务登记证件号码,并在税务登记证件中登录从事生产、经营的纳税人的账户账号。

税务机关依法查询从事生产、经营的纳税人开立账户的情况时,有关银行和其他金融机构应当予以协助。

第十八条 纳税人按照国务院税务主管部门的规定使用税务登记证件。税务登记证件不得转借、涂改、损毁、买卖或者伪造。

第二节 账簿、凭证管理

第十九条 纳税人、扣缴义务人按照有关法律、行政法规和国务院财政、税务主管部门的规定设置账簿,根据合法、有效凭证记账,进行核算。

第二十条 从事生产、经营的纳税人的财务、会计制度或者财务、会计处理办法和会计核算软件,应当报送税务机关备案。

纳税人、扣缴义务人的财务、会计制度或者财务、会计处理办法与国务院或者国务院财政、税务主管部门有关税收的规定抵触的，依照国务院或者国务院财政、税务主管部门有关税收的规定计算应纳税款、代扣代缴和代收代缴税款。

第二十一条　税务机关是发票的主管机关，负责发票印制、领购、开具、取得、保管、缴销的管理和监督。

单位、个人在购销商品、提供或者接受经营服务以及从事其他经营活动中，应当按照规定开具、使用、取得发票。

发票的管理办法由国务院规定。

第二十二条　增值税专用发票由国务院税务主管部门指定的企业印制；其他发票，按照国务院税务主管部门的规定，分别由省、自治区、直辖市国家税务局、地方税务局指定企业印制。

未经前款规定的税务机关指定，不得印制发票。

第二十三条　国家根据税收征收管理的需要，积极推广使用税控装置。纳税人应当按照规定安装、使用税控装置，不得损毁或者擅自改动税控装置。

第二十四条　从事生产、经营的纳税人、扣缴义务人必须按照国务院财政、税务主管部门规定的保管期限保管账簿、记账凭证、完税凭证及其他有关资料。

账簿、记账凭证、完税凭证及其他有关资料不得伪造、变造或者擅自损毁。

附录E　《中华人民共和国广告法》核心摘要

第八条　广告中对商品的性能、功能、产地、用途、质量、成分、价格、生产者、有效期限、允诺等或者对服务的内容、提供者、形式、质量、价格、允诺等有表示的，应当准确、清楚、明白。

广告中表明推销的商品或者服务附带赠送的，应当明示所附带赠送商品或者服务的品种、规格、数量、期限和方式。

法律、行政法规规定广告中应当明示的内容，应当显著、清晰表示。

第九条　广告不得有下列情形：

（一）使用或者变相使用中华人民共和国的国旗、国歌、国徽，军旗、军歌、军徽；

（二）使用或者变相使用国家机关、国家机关工作人员的名义或者形象；

（三）使用"国家级""最高级""最佳"等用语；

（四）损害国家的尊严或者利益，泄露国家秘密；

（五）妨碍社会安定，损害社会公共利益；

（六）危害人身、财产安全，泄露个人隐私；

（七）妨碍社会公共秩序或者违背社会良好风尚；

（八）含有淫秽、色情、赌博、迷信、恐怖、暴力的内容；

（九）含有民族、种族、宗教、性别歧视的内容；

（十）妨碍环境、自然资源或者文化遗产保护；

（十一）法律、行政法规规定禁止的其他情形。

第十条 广告不得损害未成年人和残疾人的身心健康。

第十一条 广告内容涉及的事项需要取得行政许可的，应当与许可的内容相符合。

广告使用数据、统计资料、调查结果、文摘、引用语等引证内容的，应当真实、准确，并表明出处。引证内容有适用范围和有效期限的，应当明确表示。

第十二条 广告中涉及专利产品或者专利方法的，应当标明专利号和专利种类。

未取得专利权的，不得在广告中谎称取得专利权。

禁止使用未授予专利权的专利申请和已经终止、撤销、无效的专利作广告。

第十三条 广告不得贬低其他生产经营者的商品或者服务。

第十四条 广告应当具有可识别性，能够使消费者辨明其为广告。

大众传播媒介不得以新闻报道形式变相发布广告。通过大众传播媒介发布的广告应当显著标明"广告"，与其他非广告信息相区别，不得使消费者产生误解。

广播电台、电视台发布广告，应当遵守国务院有关部门关于时长、方式的规定，并应当对广告时长作出明显提示。

第二十二条 禁止在大众传播媒介或者公共场所、公共交通工具、户外发布烟草广告。禁止向未成年人发送任何形式的烟草广告。

禁止利用其他商品或者服务的广告、公益广告，宣传烟草制品名称、商标、包装、装潢以及类似内容。

烟草制品生产者或者销售者发布的迁址、更名、招聘等启事中，不得含有烟草制品名称、商标、包装、装潢以及类似内容。

第三十八条　广告代言人在广告中对商品、服务作推荐、证明，应当依据事实，符合本法和有关法律、行政法规规定，并不得为其未使用过的商品或者未接受过的服务作推荐、证明。

不得利用不满十周岁的未成年人作为广告代言人。

对在虚假广告中作推荐、证明受到行政处罚未满三年的自然人、法人或者其他组织，不得利用其作为广告代言人。